MERIAN live!

Sächsische Schweiz

Gabriele Walter

GU GRÄFE UND UNZER

Pirna ist das »Tor zur Sächsischen Schweiz«

INHALT

Willkommen in der Sächsischen Schweiz

Die Sächsische Schweiz erleben

Sehenswerte Orte und Ausflugsziele

Routen und Touren

Wichtige Informationen

Karten und Pläne

Markenzeichen des kleinen Gebirges ist die legendäre Formenvielfalt der Sandsteinfelsen und Tafelberge, die die Elbe majestätisch umschließt.

Das geographische Kleinod »Sächsische Schweiz« ist seit 1991 Nationalpark. Die Maler der Romantik, die ihr Landschaftsideal in Italien und in der »echten« Schweiz verwirklicht sahen, hatten es einst entdeckt. Die Natur hat hier ein vielstimmiges Meisterwerk komponiert: Die Farbtonleiter des Sandsteins, der sich gern mit einem dichten Moospelz ummantelt, wird immer wieder von der leuchtenden Schwefelflechte unterbrochen. In farnbewucherten Schluchten plätschern klare Bäche. Riesige Bäume schmiegen sich mit pilzgeschmückten Stämmen und verästelten Wurzelarmen an die Felsen. Ihre Farbenpracht im Herbst wird von märchenhaften Eiskaskaden und schneeweißen Felsmützen im Winter abgelöst. Im Frühjahr leuchten Wildblumen auf den Wiesen. Wenn die Sonne mit voller Kraft durch die Elbnebel bricht und in die felsumsäumten Täler ihr Licht gießt, dann treten auch grandiose Fernsichten zutage. Und einen unwiderstehlichen Zauber gewinnt diese Gegend, wenn die wunder-

Von der Basteibrücke bieten sich atemberaubende Blicke auf das Elbtal

samen Bergformen wie Schattenrisse in den langsam verdämmernden Schein der Abendröte tauchen.

Verblüffendes Paradies

Wer vermutet schon im Industrieland Sachsen eine Landschaft, die zu den einzigartigsten in Deutschland zählt? Dabei handelt es sich um ein relativ niedriges Gebirge. Das benachbarte Erzgebirge erreicht spielend die doppelte Höhe. Aber die Sächsische Schweiz besitzt eine ungeheure Landschaftsdramatik! Die **Elbe**, der zweitlängste Strom Deutschlands, durchschneidet das 368 Quadratkilometer große Erosionsgebiet in zwei unterschiedliche Teile. Die rechte Elbseite mit ihren »apokalyptischen« Felsenmenagerien ist von ritterlicher Romantik geprägt, auf der linken Seite des Flusses ragen die Tafelberge, die sogenannten **Steine**, erhaben aus grünen Wiesen empor. Im 18. Jahrhundert war die Region als kurfürstliches Jagdgebiet sowie als Sandstein- und Holzlieferant bekannt. Zwei Eidgenossen wird die Namensgebung der Sächsischen Schweiz zugeschrieben: dem Porträtmaler Anton Graff und dem Kupferstecher Adrian Zingg. Im Zeitalter der Romantik (1766) an die Dresdner Kunstakademie berufen, durchwanderten sie mit ihrem Skizzenblock das unwegsame Gebiet im Geist Rousseaus »Zurück zur Natur« und fühlten sich an die Schweizer Mittelgebirge erinnert. Vermutlich erhielt

Das Wandergebiet Sächsische Schweiz ist hervorragend erschlossen

die Region daher ihren Namen. Die Geologen sprechen vom **Elbsandsteingebirge**.

Der Kreidesandstein bildet leicht Höhlen, und so richtete in den Felsenhöhlen auf der **Bastei** 1812 ein Fleischergeselle aus Lohmen Vorratskeller und Küchen ein, um Lebensmittel zu verkaufen. Später entstanden eine Gaststätte auf dem Kuhstall und ein Unterkunftshaus auf dem Winterberg, 1827 gab es am **Lichtenhainer Wasserfall** die erste Sesselträgerstation (→ Der Besondere Tip, S. 73). Seither gehört die Sächsische Schweiz anerkanntermaßen zu den interessantesten Fremdenverkehrsgebieten Europas. Mit seinen Schlössern, Burgen und Museen hat das Wanderparadies auch kulturell eine Menge zu bieten –

ganz abgesehen vom milden Weinklima und den Dampfern, die sich mit ihren Schaufelrädern auf dem Elbstrom der alten Residenzstadt **Dresden** entgegenarbeiten. Im 18. Jahrhundert etablierten sich in der Sächsischen Schweiz auch verschiedene Heilstätten. Sie standen jedoch stets im Schatten der berühmten böhmischen Bäder.

Auferstehung unentweihter Urwüchsigkeit

Die Nationalparkidee stammt von den Amerikanern. Im Jahre 1872 überließen sie ihren Yellowstone Park in den Rocky Mountains dem Pulsschlag der Wildnis, dann zogen die Schweden und die Schweizer nach. In Deutschland darf die Natur erst seit 1970 (Nationalpark Bayrischer Wald) allein über Werden und Vergehen entscheiden. Der 1991 begründete **Nationalpark der Sächsischen Schweiz** umfaßt heute 25 Prozent des Gebirges (93 Quadratkilometer). Im Jahre 1912 wurden erstmalig Gebietsteile als Naturschutzgebiet ausgewiesen, und 1956 stellte man die ganze Region unter Landschaftsschutz. Zusammen mit der Böhmischen Schweiz entwickelt sich mittlerweile ein grenzüberschreitendes Großraumbiotop. Der Wald soll dem Laub-Mischwald (Eiche, Buche, Kiefer, Weißtanne) nahekommen, wie er um 1600 dominierte. Fichten, die in den Mittelgebirgen üblicherweise die höheren Lagen bevorzugen, gedeihen hier in lichtarmen und kühlfeuchten Schluchten. Das größte Exemplar in der Sächsischen Schweiz ist 54 Meter hoch und 300 Jahre alt. Auf den Felsenriffen stehen dagegen vorwiegend Kiefern. Be-

Die steinigen Böden und das rauhe Klima lassen oft nur Kartoffelanbau zu

sonders prächtig färben sich im Herbst die Rotbuchenmischwälder der Basaltdurchbrüche. Der seltene Bärlapp, der von der Spore bis zur Ausbildung der Pflanze 21 Jahre benötigt, wächst dort ebenso wie der im Sommer üppig blühende Johanneswedel (auch als Waldgeißbart bezeichnet), der Rote Fingerhut und das Gelbe Veilchen. Forstnamen wie Wolfsschlucht, Bärenstein und Katzstein künden vom einstigen Wildreichtum der Wälder. Auch heute noch schallt zur Brunftzeit das Röhren der Hirsche durch die Forste. In den Felswänden, wo auch der Wanderfalke seinen Horst hat, singt die Nachtschwalbe. Der Eisvogel ist an seiner tropischen Farbenpracht zu erkennen. Mit schrillen Pfiffen schießt er tief über die Wasserfläche der Bäche hinweg. Sein Nest umweht ein starker Fischgeruch. Die seltene und scheue Wasseramsel ist – wie der Eisvogel auch – ein ausgezeichneter Taucher. Auch Luchs, Uhu, Fischotter, Schwarzstorch und Mauerläufer sind in der Sächsischen Schweiz heimisch.

Urlaub am Meer?

Vor 100 Millionen Jahren hätten Sie in der Region der Sächsischen Schweiz am Strand eines Meerbusens dem Rauschen der Wogen lauschen können. Für den heutigen Verzicht auf das »Salz auf der Haut« entschädigen sandige Wanderwege und die bizarren Felsen, die in der kreidezeitlichen Seebucht entstanden. Das Meer lagerte hier bis zu 600 Meter Sand ab. Zu Beginn des Tertiärs (Braunkohlezeit) verursachten ungeheure tektonische Kräfte die Hebung des kristallinen Erzgebirges, wobei sich Granitmassen aus dem heutigen Lausitzer Raum gegeneinanderschoben. Unter dem gewaltigen Druck entstand die für das Elbsandsteingebirge typische malerische Landschaft. Der Fluß grub sich mit seinem Geröll ein canyonartiges Tal in den porösen Stein. Erhebungen, deren Namen auf »-stein« enden, sind Sandsteingebilde; solche, deren Namen auf »-berg« enden, vulkanischen Ursprungs. Die Erosionslandschaft weist beachtliche Höhenunterschiede auf. Der Elbspiegel liegt bei nur 115 Metern.

Elbreise

Wenn die Elbe bei **Pirna** aus dem engen Sandsteintal tritt, hat sie reichlich ein Drittel ihrer gesamten Wegstrecke zurückgelegt. Sie entspringt auf dem Kamm des lieblichen **Riesengebirges** und windet sich weit ausholend durch das fruchtbare Böhmische Becken. Nördlich von Prag nimmt sie die Moldau auf. Bevor die schroffen Sandsteinfelsen ab Tetschen (Děčín) das Bild prägen, durchbricht die Elbe das Böhmische Mittelgebirge. Bedeutende deutsche Elbstädte neben Dresden und Pirna sind **Meißen** (Porzellanmanufaktur), **Torgau** (das durch das Aufeinandertreffen der Russen und Amerikaner 1945 bekannt wurde), die Lutherstadt

Wittenberg, Dessau (Bauhaus) und **Magdeburg** (Dom). Der 110 Kilometer lange Mündungstrichter des Flusses jenseits des Hamburger Hafens reicht bis Cuxhafen an der Nordsee. Der 1165 Kilometer lange Strom ist ab Melnik in Böhmen von Schiffen befahrbar. Die Schiffahrt auf der Elbe ist mehr als 1000 Jahre alt. Erst im 19. Jahrhundert konnte der Flußlauf reguliert weden. Die Schleppkette von Hamburg bis Melnik wurde 1948 letztmalig genutzt.

Flößer, Mühlen, Steinbrecher und Bomätschen

Die touristische Landschaft der Sächsischen Schweiz ist eng verbunden mit dem in der Vergangenheit dort ansässigen Handwerk und Gewerbe. Neben dem Steinbestand besaß vor allem der Holzreichtum der Wälder wirtschaftliche Bedeutung. Die Flößerei – erstmals 1558 im Bielatal nachgewiesen – wurde durch den Bau von Staustufen gefördert. Zuvor konnte nur bei ausreichendem Wasserstand – nach der Schneeschmelze oder im regenreichen Herbst – geflößt werden. Das Holz fand besonders im Bergbau und in der Hüttenproduktion (Bielatal und östliches Erzgebirge) Verwendung. Auch der steigende Holzbedarf der Städte brachte gute Einnahmen. Im Auftrag des Kurfürsten wurden große Holzschläge vorgenommen. Geflößt wurde praktisch auf allen Zuflüssen der Elbe. Vom sogenannten Flößerpfad wurde alles Holz im Wasser zum Schwimmen gebracht und an der Elbmündung zu Flößen zusammengebunden oder auf Schiffe geladen. Die ehemaligen Mahl-

Sanft ansteigende Weinberge prägen das Elbtal bei Pillnitz

und Brettschneidemühlen in den Flußtälern wurden zu Urlaubseinrichtungen umgebaut. Es gibt kaum einen Ort an der Elbe, in dem kein Elbsandstein verbaut wurde (so zum Beispiel der **Dresdner Zwinger** und der **Meißner Dom**). Die schwere Arbeit ließ viele Steinbrecher an Silikose erkranken und führte häufig zur Frühinvalidität. Ersatzarbeitskräfte wurden nicht selten mit Gewalt zugeführt. Wenn die Windkraft für den Holz- und Steintransport auf den Schiffen nicht ausreichte, mußten die Kähne durch Treidler vom Ufer aus gezogen werden. In der Sächsischen Schweiz nannten sie sich »Bomätschen«, eine Bezeichnung, die auf das slawische Wort »pomoc« (Hilfe) zurückgeht.

Mittelalterliche Burgen und Raubnester

Zwischen Tetschen und Pirna erheben sich einige sehenswerte mitteralterliche Burgen über der Elbe. Die **Burg Tetschen** war eine der ältesten dieser Wehrbauten im Grenzland. Das heutige Bauwerk läßt von der ursprünglichen Feste kaum noch etwas ahnen. Interessant ist dort die sogenannte **Lange Fahrt**, eine 300 Meter lange und 10 Meter breite Auffahrt, die in die hohen Sandsteinfelsen geschlagen wurde. Die Geschichte der einstigen **Burg Schomberg** in Bad Schandau (Stromwarte der Hohnsteiner Herrschaft) ist dagegen weitgehend unbekannt. Auch auf dem **Lilienstein** entdeckte man eine Steinburg. Die Kernburg des **Königsteins** befand sich im frühen Mittelalter dort, wo heute die **Georgenburg** auf der Festung steht. Der gesamte Tafelberg war bis zum Ausbau der Feste stark zerklüftet. Elbabwärts folgt nach der **Burg Rathen** die **Ruine Wehlen**, ehemals eine 85 Meter lange und nur 16 Meter breite Geleitsburg. Auch das **Schloß Sonnenstein** in Pirna läßt die frühere Grenzfeste nicht mehr erkennen.

An der Errichtung der Felsenburgen in der Sächsisch-Böhmischen Schweiz (im Volksmund »Raubschlösser« genannt) hatten drei dynastische Geschlechter in der Zeit des Kaisers Karl IV. Anteil. Die Berken von der Duba, die Wartenberger und die Michelsberger sicherten mit den Wehrbauten die Grenze zur Mark Meißen. Vor allem die Berken von der Duba übten 1353 bis 1451 die unumschränkte Macht in der Felsenlandschaft aus. Wege, Straßen und Ortschaften wurden kontrolliert. Viele Feudalherren waren aber im 15. Jahrhundert aus wirtschaftlichen Gründen gezwungen, ihren Besitz zu veräußern. Auch durch Fehden und Händel der Ritter untereinander trat ein Verfall der Feudalsitze ein. Die in Not geratenen Ritter begingen Raubüberfälle. Sie drangen in Höfe ein, trieben Vieh davon und lauerten auf den Landstraßen den Warenzügen der Kaufleute auf. Der 1346 gegründete Oberlausitzer Sechsstädtebund wahrte den Landfrieden, indem er ihre Burgen belagern oder schleifen ließ.

Entlang der Sächsischen Weinstraße

Im Wein liegt die Wahrheit! Wer in Sachsen Rebhänge wie etwa am Rhein oder an der Mosel erwartet, der wird enttäuscht sein. In dem kleinsten und nördlichsten Weinanbaugebiet Deutschlands beträgt die Rebfläche höchstens 400 Hektar. Die **Sächsische Weinstraße** wurde erst 1992 aus der Taufe gehoben. Die Weinbautradition in dieser Gegend ist allerdings schon 800 Jahre alt. Neben dem erzgebirgischen Silberbergbau war der Weinanbau die zweite wirtschaftliche Stütze des Kurfürstentums, bis 1858 die aus Amerika eingeschleppte Reblaus die Weinberge im oberen Elbtal vernichtete.

Die besten Weinlagen findet man heute bei **Diesbar-Seußlitz**, **Radebeul**, **Meißen** und **Pillnitz**. Die Felsenausläufer der Sächsischen Schweiz bei Pirna-Posta kennzeichnen den Beginn der Sächsischen Weinstraße. Ganz oben auf den sonnenbeschienenen Hangterrassen wohnen ein paar Hobbywinzer. Elbabwärts zählt Pillnitz mit dem königlichen Musterweinberg zu den traditionellen Weinorten. Im Jahre 1924 entstand wieder eine kleine Versuchspflanzung, 1980 wurde die Weinbaugemeinschaft Pillnitz gegründet, die vor allem den Müller-Thurgau sortenrein keltert. Auch in **Wachwitz** wurden einige Parzellen aufgerebt. Besuchen Sie dort im Frühjahr den Rhododendrengarten! Das **Schillerhaus** auf dem Gelände des ehemaligen Körnerschen Weinguts in Loschwitz, wo der Dichter seinen »Don Carlos« schrieb, ist das bekannteste Weinberghaus an der Elbe.

LESETIP

Zwei Pfarrer trugen mit ihren vielzitierten klassischen Reisebeschreibungen in der Zeit der Romantik Beachtliches zur Erschließung der Sächsischen Schweiz bei. Carl Heinrich Nicolai schrieb 1801 den **Wegweiser durch die Sächsische Schweiz** (Hellerau-Verlag). Wilhelm Lebrecht Götzinger verfaßte im Jahre 1804 das Buch **Schandau und seine Umgebung oder Beschreibung der sogenannten Sächsischen Schweiz** (antiquarisch). Ein spannungsvolles Klettererlebnis aus dem 19. Jahrhundert schildert Sebastian Abratzky in seinem Tatsachenbericht **Ersteigung der Festung Königstein** (Broschüre des Festungsmuseums). Wer mehr über das Schicksal der Gräfin Cosel erfahren möchte, dem sei der Roman **Gräfin Cosel** von Jósef Ignacy Kraszewski empfohlen (LKG).

Das kleine Gebirge im äußersten Südosten Deutschlands ist durch die günstigen Verkehrsverbindungen zur Landeshauptstadt Dresden gut zu erreichen.

Mit dem Auto

Nach dem Motto »Die langen Reisen sind die schönsten Reisen!« sollte man den für viele weiten Weg nicht scheuen. Die Autobahnen sind mittlerweile recht gut ausgebaut. Autoreisen nach Sachsen sind also kürzer geworden. Wer früh am Morgen an seinem Ausgangspunkt startet, kann im barocken Glanz von Dresden zu Mittag speisen. Durch das Verkehrsdickicht der Elbmetropole muß man sich allerdings hindurchquälen. Dann kann man entweder auf der **Sächsischen Weinstraße** eine »Sonntagsfahrt« in die Felsenwelt arrangieren. Oder auf der **B 172** entlang der teilweise noch »urzeitlichen« Industrieanlagen von Heidenau (mit weniger Romantik) durch die schöne alte Stadt Pirna fahren. Dort befindet sich die letzte Autobrücke vor Bad Schandau. Eine Alternative ist die Landstraße über Stolpen (Autobahnabfahrt Ottendorf-Okrilla/Richtung Bautzen). Die Autobahn A 17 (Dresden–Prag) existiert bislang nur auf dem Reißbrett.

Flußkreuzfahrten gehören zu den beliebtesten Urlaubsaktivitäten

Mit der Bahn

Bahnreisende können die Sächsische Schweiz bequem über Dresden oder auch von Prag aus erreichen. An der Grenze in Bad Schandau halten die Fernzüge. Direktverbindungen nach Bad Schandau gibt es zum Beispiel von Hamburg und Berlin. Zwischen Dresden und Bad Schandau verkehrt zudem die S-Bahn, ihre Haltestellen liegen in den Ortschaften am linken Elbufer. Außerdem bieten sich reizvolle Verkehrsverbindungen mit der **Sächsischen Semmeringbahn** (→ S. 81) und der **Kirnitzschtalbahn** (→ S. 72, 108) an.

Mit dem Bus

Busreisen und -ausflüge kann man bei den Fremdenverkehrsbüros in der Sächsischen Schweiz und in Dresden (auch pauschal) buchen. Von Dresden (Hbf.) fahren Linienbusse bis nach Pirna und in die Sächsische Schweiz. Außerdem gibt es Pauschalangebote verschiedener Reisebüros. In diesen ist die Sächsische Schweiz meist in Verbindung mit einer Städte- oder Studienreise nach Dresden und Prag als Tagesausflug enthalten.

Mit dem Flugzeug

Der Dresdner **Flughafen Klotzsche** ist in das gesamte deutsche Streckennetz integriert, wobei die innerdeutschen Billigtarife (ab 270 DM für Hin- und Rückflug) zu empfehlen sind. Darüber hinaus besteht ein attraktives Angebot zu Flugzielen in aller Welt. Ein regelmäßiger Zubringerverkehr verbindet den Flughafen mit dem Hauptbahnhof Dresden, wo man mit der S-Bahn – immer am Stau vorbei – in 30 Minuten in die Sächsische Schweiz gelangt. Natürlich kann man auch ein Taxi nehmen oder am Flughafen ein Auto mieten.

Mit dem Schiff

Der Schiffsverkehr auf der Elbe ist frei. Man kann also – wenn man will – auch mit seiner Motorjacht den Fluß entlangpreschen. Anlegemöglichkeiten sind in der Regel an Campingplätzen vorhanden. Die **Elbdampfer** ab Meißen oder Dresden gehen in Pillnitz, Pirna, Wehlen, Königstein, Rathen und Bad Schandau vor Anker. Für eine Dampferfahrt muß man viel Zeit einplanen. Von den Reisebüros werden mehrtägige Fahrten auf der Elbe (Hamburg–Dresden/Prag) angeboten. Im Reiseprogrammteil stehen meistens die Festung Königstein und die Bastei. Gut sechs Stunden braucht der Dampfer, um stromaufwärts die kurze Strecke zwischen Dresden und Schmilka zu bewältigen, und noch einmal fünf Stunden zurück. Übrigens wird wie auf den Bundesstraßen auch auf der Wasserstraße Elbe der Verkehr mit Zeichen (in der Regel rotumrandete Tafeln) geregelt. Hinweiszeichen wie zum Beispiel auf einen Liegeplatz oder eine Fähre sind im Grundton blau gehalten.

Wenn die alten Raddampfer durch das Wasser stampfen, schlägt selbst leidenschaftlichen Autofahrern das Herz höher.

Vor 100 Jahren hätten Sie noch mit einer ruckelnden Postkutsche die »Schweiz« erobern können. Dem heutigen Weltenbummler bietet der Fremdenverkehrsverband ein Faltblatt an, das so gut wie alle Verkehrsanbindungen enthält. Die Devise ist: die Natur im Nationalpark schonen!

Auto

Das Auto braucht man deswegen nicht gleich stehen zu lassen. Die Landstraßen in der Region sind recht gut ausgebaut. Allerdings muß man in Kauf nehmen, daß die Stoßdämpfer streckenweise – besonders in den Ortschaften – nicht gerade geschont werden. Auch Entfernungsangaben und Ausschilderungen sind teilweise noch recht abenteuerlich. Sperrungen von Forstwegen sollten unbedingt respektiert werden, vor allem weil es um die Natur geht. Wenn sich die Autokolonne bei schönem Wetter durch das Kirnitzschtal oder Bielatal schiebt, wirkt der Name »Nationalpark« etwas deplaziert. Dort »per pedes« weiterzureisen oder auf die

Eine Straßenbahn im Nationalpark? Im Kirnitzschtal gibt es so was

Bahn umzusteigen ist ratsam. Rathen ist für den Autoverkehr gesperrt. Am Ortseingang gibt es Parkplätze. Das Parken in den Ortschaften ist zum Glück nicht so teuer (Parkuhren). Tankstellen gibt es meist nur in größeren Orten.

Bahn

Gute Alternativen zum Auto: die **Kirnitzschtalbahn** (jede halbe Stunde) und die **Semmeringbahn** (alle zwei Stunden), die von Bad Schandau über Sebnitz nach Neustadt fährt. Die S-Bahn verkehrt halbstündlich auf der Tafelbergseite der Elbe, wo man gegebenenfalls mit einer Fähre an das andere Ufer übersetzen kann. Im Rahmen der S-Bahn-Tarife werden Mehrfahrten-, Wochen-, Monats- und Familientageskarten angeboten. Das Wochenende-Ticket der Deutschen Bahn ist besonders günstig.

Bus

Manche Buslinien sind noch nicht ausgeschildert, fahren aber trotzdem. Man sollte sich am Bahnhof in Bad Schandau danach erkundigen. Linienbusse verkehren sternförmig von Pirna und Bad Schandau zu allen bekannten Orten der Sächsischen Schweiz, u. a. auch zur Bastei. Die Fremdenverkehrsbüros in der Sächsischen Schweiz organisieren Busausflüge. Eine gute Adresse ist auch der **Festungsexpreß**, ein offener Autozug, der vom Festungsparkplatz bis zur Festung Königstein verkehrt. Dort können Ausflüge in ausgefallenen (Oldtimer-)Fahrzeugen, zum Beispiel in einem englischen Doppeldecker, gebucht werden (Tel. 03 50 21/ 6 76 14 oder 01 72/3 57 31 43). Auch zwischen Wehlen und der Bastei verkehrt stündlich ein Oldtimer-Bus.

Schiff

Die Personenschiffe auf der Elbe sind das beeindruckendste Verkehrsmittel in der Sächsischen Schweiz! In der Fachwelt spricht man von der schönsten Fahrgastflotte der Welt! Mit acht historisch rekonstruierten Dampfern ist sie zudem die größte und älteste **Seitenraddampferflotte.**

TOP 3

Außerdem sind zwei komfortable **Salonschiffe** (1994) und zwei kleine Motorschiffe im Einsatz. Das kulinarische Angebot an Bord stellt selbst anspruchsvolle Genießer zufrieden. Die Schiffe der »Sächsischen Dampfschifffahrt« verkehren bis in den Spätherbst von Meißen bis Bad Schandau, die Fahrtlinie 4 bis in die Böhmische Schweiz. Auf dem zweitältesten Schiff **»Diesbar«** kann man noch eine alte oszillierende **Zwillings-Niederdruckmaschine** von John Penn und Sohn in Greenwich bewundern. Die **»Stadt Wehlen«** ist mit 115 Jahren das älteste Schiff, die Dampfer **»Dresden«** und **»Leipzig«** sind mit ca. 69 Metern Länge die größten Schiffe. Die Fahrkarte kann auch an Bord gelöst werden (→ S. 109).

Fähre

Elbfähren gibt es in Pillnitz/Zschachwitz (**einzige Autofähre**), Heidenau, Pirna-Altstadt, Zeichen/Obervogelgesang, Wehlen, Königstein, Schmilka/Hirschmühle (**Motorfähren**), Rathen und Postelwitz/Krippen (**Gierfähren**) und in Bad Schandau (**Bahnhofsfähre/Krippen**). Mit der Fähre Schöna-Hřensko gelangt man in Zukunft direkt nach Böhmen (derzeit noch nicht in Betrieb).

Lift

Der Aufzug in Bad Schandau befördert die Gäste schnell auf die Ostrauer Scheibe. Auch auf der Festung Königstein gibt es einen Aufzug (→ S. 88).

Fahrrad

Mittlerweile sieht man überall die Wegweiser mit dem grünen Fahrradsymbol auf weißem Grund. Beim Tourismusverband in Bad Schandau sind Radwanderführer (7 DM) und Radwanderkarten (6 DM) für die Sächsische Schweiz erhältlich. Fahrräder kann man mit der Bahn mitnehmen, an den Bahnhöfen in Pirna und Bad Schandau werden sie ab 12 DM pro Tag ausgeliehen. Die für die Region typischen Sandwege sind Radlern allerdings nicht unbedingt zu empfehlen, denn die Reifen versinken manchmal tief. Traditionelle Radwege führen meist durch die Flußtäler. Es gibt auch Rundwege um Sebnitz, Neustadt, Hohnstein und Stolpen.

Der Besondere Tip

Tagesausflug nach Prag Nicht ohne Grund nennt man die »Goldene Stadt« auch das »Paris des Ostens«. Prag (Praha) ist eine der schönsten Städte der Welt! Die alte Dame an der Moldau mit dem freiheitlichen Flair des nie versiegten Prager Frühlings übt auch durch ihren kulturellen Reichtum eine magische Anziehungskraft aus. Ab Bad Schandau sind Sie mit 44 DM (Hin- und Rückfahrt) an einem Tag dabei! Gegen 5 und 8 Uhr fahren Züge in die tschechische Hauptstadt. Fahrtdauer: reichlich zwei Stunden. Am Prager Bahnhof gibt es Zubringer in die City. Von dem zauberhaften Charme der Prager Altstadt mit ihren goldenen Kuppeln und den malerischen Brücken, in deren Mittelpunkt der Hradschin – die böhmische Akropolis – thront, werden Sie begeistert sein! Abends geht's gegen 18 oder 23 Uhr zurück. Bei den Touristenbüros können Sie auch einen organisierten Ausflug buchen.

In der Hauptsaison sind die Quartiere in der Sächsischen Schweiz meist ausgebucht, aber mit etwas Glück findet sich immer ein freies Zimmer.

Hotels und Pensionen

Das »gastronomische Aushängeschild« der Sächsischen Schweiz sind die gemütlichen **Wirtshäuser** und **Pensionen** mit familiärem Charme. Meist stehen sie einsam und unverbaut mitten in der Landschaft. Architektonisch langweilige Hotelbauten bilden in dieser Region glücklicherweise die Ausnahme. Da »protzen« eher gutbürgerliche Villen mit großen Gärten an den Hängen der Elbe, alte ausgebaute Mühlen locken die Gäste mit ländlichem Flair, und auch die **Berggasthöfe** mit ihren wunderschönen Ausblicken versprechen erholsame Ferientage. Fast in jedem Ortskern stößt man zudem auf ein »Erbgericht« (→ Essen und Trinken, S. 21), das meistens auch ein paar Zimmer vermietet. Inzwischen sind alle Gasthäuser in privater Hand, größtenteils renoviert und modernisiert und für jedermann zu mieten. Allerdings kann es hier und da passieren, daß die Zimmer verwöhnten westlichen Ansprüchen von der Größe her nicht genügen.

Die sächsischen Erbgerichte sind traditionelle Gasthöfe

Es gibt auch einige **Hotels der oberen** oder gar der **Luxuskategorie**. Die »High Society« ist vor allem in Wehlen, Rathen und Bad Schandau bzw. Ostrau zu Hause, aber auch anderswo gibt es Gasthäuser mit gehobener Ausstattung.

Privatquartiere und Herbergen

Auch viele **Privatquartiere** sind im Angebot. Ausschilderungen vor Ort weisen auf sie hin, umfangreiche Adressenlisten erhalten Sie bei den Touristenbüros. Ihnen untersteht die zentrale Zimmervermittlung. Dort kann man sich kurzfristig über freie Kapazitäten in der gesamten Region erkundigen und sich vielleicht das Finger-Wundwählen ersparen – und sich auch über Pauschalangebote informieren.

Privatzimmer, **Ferienwohnungen** und **-häuser** sind preiswerte Alternativen zu den Hotels und Pensionen. Die Wohnungen sind meist geräumig und komfortabel (mit voller Küchenausstattung) eingerichtet und kosten nicht viel mehr als 50 DM für zwei Personen pro Nacht. Für ein Ferienhaus liegt der Preis in der Regel etwas höher.

Bei Familien mit Kindern ist Urlaub auf dem Bauernhof sehr beliebt. Dazu können besonders die Dörfer bei Sebnitz, Wehlen und im Gebiet der »Steine« empfohlen werden. Dort findet man himmlische Ruhe und Besinnlichkeit. Wer nur wenig Geld ausgeben will, kann **campen** oder in den **Jugendherbergen** übernachten (Mitgliedsausweis des Jugendherbergswerk in Detmold erforderlich). Eine Alternative dazu bieten die **Touristenherbergen** oder gar **Touristenböden** mit Matratzenlager, die für Wanderer und Bergsteiger geeignet sind. Jugendliche, die die absolute Ursprünglichkeit und Verbundenheit mit der Natur suchen, schlagen auch schon einmal in einer der zahlreichen Naturhöhlen (sogenannten **Voben**) der Sächsischen Schweiz ihr Nachtlager auf. Dies widerspricht jedoch im Grunde den im Nationalpark geltenden Richtlinien (Naturschutz).

Ratsam ist in jedem Fall die rechtzeitige Reservierung eines Zimmers. Besonders zu Ostern, Pfingsten und Himmelfahrt muß man schon Glück haben, kurzfristig eine Unterkunft zu ergattern. Und noch was: Wer länger bleibt, kann auch mal den Tagespreis herunterhandeln.

Hotels sind bei den einzelnen Orten im Kapitel »Sehenswerte Orte und Ausflugsziele« beschrieben.

Preisklassen
Die Preise gelten für eine Übernachtung im Doppelzimmer für zwei Personen ohne Frühstück.
Luxusklasse ab 200 DM
Obere Preisklasse ab 120 DM
Mittlere Preisklasse ab 80 DM
Untere Preisklasse bis 80 DM

Die Sachsen sind Naschkatzen. Sie lieben ihr hausbackenes »Schmeckerchen«, essen »Bemmen« zum Frühstück und »ditschen« Klöße in braune Sauce.

In Alt-Sachsen beantwortete man des Freiers Antrag ganz einfach stillschweigend durch das Vorsetzen bestimmter Speisen. Rüben und Erdgewächse wiesen ihm die Tür, während grüner Lauch mit Eiern einer Einladung gleichkam. Bei Mehlbrei oder Kaffee durfte er sich immerhin als Hausfreund betrachten.

Not macht erfinderisch!

Allzu opulent fällt keines der drei eben genannten »Geheimrezepte« aus, was durchaus den allgemeinen Gepflogenheiten in der sächsischen Kochkunst entspricht. Das harte, ärmliche Leben in den kargen Gebirgsgegenden mit ihren steinigen Böden und dem rauhen Klima prägt die Speisezettel in diesen Regionen. Hinzu kommt die Lausitzer Küche mit den Traditionen des sorbischen Volkes. Die deftigsten Rezepte Sachsens stammen von den flackernden Herdfeuern der Bergleute, Holzfäller und Bauern. Ihre würzigen Eintöpfe, wie zum Beispiel die **Fleckesuppe**, gelten heute als Geheimtips. Auch die

Sie wollen probieren? Das Rezept steht auf Seite 21

rustikalen Landgasthöfe in der Sächsischen Schweiz servieren Großmutters Speisen nach dem Motto »Goch'n wie dorheeme«: mit Vorliebe **Quarkkeulchen** (gebratene Plätzchen aus einer Kartoffel-Quark-Masse mit Apfelmus oder Kompott), Eisbein mit Sauerkraut, hausgemachte Sülze, Kohlroulade, Bauernfrühstück, Würzfleisch, in unzähligen Variationen auch Schnitzel sowie Rote Grütze mit Schlagsahne. Für deutsche Verhältnisse gibt es dies alles meist zu recht niedrigen Preisen! Daß gerade die russische **Soljanka** – diese Restesuppe mit wonnig-saurem Gurken- und Zitronengeschmack – des Sachsens fremdländisches Lieblingsmahl zu sein scheint, widerspricht seinen hausbackenen Traditionen. Knödel haben sich hier an der Grenze zu Böhmen schon lange durchgesetzt. Ansonsten hält man in der Sächsischen Schweiz das »Gutbürgerlich-Sächsische« in Ehren. Dennoch werden auch mehr und mehr griechische, italienische und chinesische Restaurants eröffnet. Daneben lassen sich mutig Bayern, Schwaben und Österreicher nieder. In Dolmetschernot kann man aber auch bei den »Einheimischen« geraten: Eierkuchen – das sind hier schlichtweg dicke Palatschinken, während man den »Berliner« in Sachsen Pfannkuchen nennt. Die **Bemme** übersetzt man ganz einfach mit »Brotschnitte«. Daß die gebratenen Hähnchen hierzulande **Broiler** heißen, dürfte sich mittlerweile herumgesprochen haben.

Kartoffeln in allen Variationen

Ein echter Sachse liebt sein **Schmeckerchen** (spezielles Leibgericht). Vor allem schätzt er seinen Sauerbraten samt Apfelrotkraut mit der im Ausland verpönten braunen Sauce, die er zum »Ditschen« reichlich braucht. Aber wenn er sie als Feinschmecker mit Rosinen und Pfefferkuchengewürz zubereitet, dann geht gewiß jedem das Herz auf. Geditscht wird u. a. mit **grienen Kließ** – Kartoffelklößen, über deren ursprüngliche Herkunft sich die Vogtländer und Thüringer streiten. In jedem Falle werden die »echten« Klöße mit in Butter gebratenen Semmelwürfeln gefüllt und in einen breiten Topf mit reichlich Salzwasser gelegt. Darin kochen sie leise, nie sprudelnd. Den Kartoffelsalat serviert der Sachse mit Fisch, Äpfeln, Gemüse, Wurst, ja sogar Südfrüchten und Rosinen. Er mag's nun mal süß! Für Pellkartoffeln mit Zwiebel-Kräuter-Quark werden möglichst kleine Erdäpfel samt Schale gegart und heiß auf den Tisch gebracht. Beim Schälen darf man dann hastig die verbrannten Finger kalt pusten. In der Sebnitzer Gegend aß man die Kartoffeln früher mit dem sogenannten **Prägelsalz** (Speck, Zwiebeln, gebratene Brotkrumen). Bekannt ist auch die **Schimcher Tunke**, ein suppenartiges Gericht, zu dem die geschälten ganzen Kartoffeln beim Essen in die Hand genommen wurden. Seine Kartoffelsuppe löffelt der Sachse gern mit Bockwurst, Leber- oder Blutwurst. Die in Knochenbrühe gekochten und pürierten Kartoffeln werden mit Gemüse und Rauchfleisch gegart, gut gewürzt, mit Majoran abgeschmeckt und mit goldbraunen Speckwürfeln und Zwiebeln ergänzt.

Das Leibgericht des Königs

Wer glaubt, in Sachsen könne man außer dem »Arme-Leute-Essen« nichts Aufregendes aus Topf und Pfanne erwarten, der irrt gewaltig. Aus der vornehmen Residenzstadt sind Berichte von maßlosen Prassereien nach Jagdausflügen überliefert. Im Auftrag August des Starken wurde im 18. Jahrhundert ein zehn Meter langer Riesenstollen gebacken. Dank der Elbe mit ihrer Bach- und Teichlandschaft können die sächsischen Köche auch leckere Fischgerichte anbieten. In der Kirnitzsch, der Sebnitz und Biela schwimmen Bach- und Regenbogenforelle und auch Hechte. Zum Highlight jeder sächsischen Speisekarte gehören Forelle »Müllerin« und Karpfen blau mit Meerrettich in zerlassener Butter. August der Starke ließ sich die **Kirnitzschtaler Räucherforelle**, sein Leibgericht, munden. Dazu genoß er **Meißner Weinsuppe**. Heute wird im **Landgasthof »Lichtenhainer Wasserfall«** frische Forelle serviert, die im speziellen Ofen in harzreichen Wacholderspänen heißgeräuchert wird. Aber auch einfache Fischgerichte liebt man in Sachsen, zum Beispiel marinierte Heringe und Brathering.

De »Gaffee-Sachsn« sinn Naschgatzn

»E Schtickchn Guchn zum Gaffee« wird in Sachsen hoch geschätzt. Neben den mit einer Marzipanmasse gefüllten **Lerchen** haben sich die **Eierschecke**, das Plundergebäck, die **Strietzel**, die **Meißner Fummel** und vor allem der **Dresdner Stollen** und die **Pulsnitzer Pfefferkuchen** einen Namen gemacht. Obwohl man den Sachsen den »Bliemchengaffee« nachsagt, bei dem man das Blümchenmuster auf dem Tassengrund sieht, dürfen sie sich rühmen, das schwarze Getränk früher als andere entdeckt zu haben. Im Jahre 1718 richtete der sächsische **Hofchocoladier Lehmann** in Leipzig eines der ersten europäischen Kaffeehäuser ein: den »Kaffeebaum« mit der berühmten »türkischen« Barockplastik über der Tür. Robert Schumann hatte dort seinen Stammtisch. Heute trinkt man gefilterten Kaffee. Der Dresdner Christstollen, ein Backwerk mit alter Tradition, gilt als Exportschlager. Früher war der Stollenbacktag in der Vorweihnachtszeit ein wichtiges Ereignis, an dem die ganze Familie teilhatte. Heute gibt es den Dresdner Stollen in jedem deutschen Supermarkt zu kaufen. Gegen diesen Etikettenschwindel weiß sich der Sachse zu wehren. Er gründete einen Schutzverband des Dresdner Stollen (Tel. 03 51/31 99 19 70), um die Originalität seines Stollengebäcks zu bewahren.

Ein kühles Radeberger und ein trockener Wein

An den Südhängen des oberen Elbtals wachsen so edle Sachsentropfen wie Müller-Thurgau, Riesling, Weißer Burgunder, Ruländer und Traminer. Vor allem sortentypische trockene Weine mit angenehmer fruchtiger Säure werden angeboten. Als Besonderheit gilt der **Schierling**, ein aus roten und weißen Trauben gekelterter Wein, der je nach Lichteinfall seine Farbe ändert. Aber eigentlich trinkt man ja doch mehr Bier als Wein in Sachsen und meistens lokalpatriotisch das eigene, zum Beispiel das vielgerühmte **Radeberger**.

An jeder Ecke ein Erbgericht

Die in der Sächsischen Schweiz weitverbreiteten Erbgerichte, die selbstverständlich allesamt die »gutbürgerliche typisch-sächsische Kochkunst« praktizieren, entstammen einer jahrhundertealten Tradition. Im Zuge der deutschen Ostwanderung teilten Siedler die Dorffluren in Hufenstreifen auf. Der Erbrichter besaß u. a. das Recht, auf seinen Gütern zu jagen. Er durfte für den Verkauf backen, schlachten und Bier ausschenken. Im Erbgericht wurde bei den Dorffesten der Tanz abgehalten. Die Gerichtsbarkeit spielte später keine Rolle mehr, der Name Erbgericht blieb.

Restaurants sind bei den einzelnen Orten im Kapitel »Sehenswerte Orte und Ausflugsziele« beschrieben.

Preisklassen
Die Preise beziehen sich jeweils auf die durchschnittlichen Kosten für ein Hauptgericht ohne Getränke.
Luxusklasse ab 30 DM
Obere Preisklasse ab 25 DM
Mittlere Preisklasse ab 12 DM
Untere Preisklasse bis 12 DM

Der Besondere Tip

Dresdner Eierschecke Cremig-duftig, zergeht auf der Zunge? Das ist Dresdner Eierschecke: aus 500 g Mehl, 1 Teel. Salz, 1/4 l Milch, 30–50 g Hefe, 60–80 g Zucker und 60–80 g Butter einen Hefeteig zubereiten. Den ausgerollten Teig auf ein gutgefettetes Backblech legen und nochmals gehen lassen. 1500 g Quark, 3 Eier, 100 g Zucker schaumig rühren. Mit Zitronenaroma abschmecken und auf den Teig streichen. 125 g (zerlassene) Butter, 6–8 Eigelb und 125 g Zucker schaumig rühren, das Eiweiß mit einer Prise Salz zu steifem Schnee schlagen, mit 1 Eßl. Mehl unter die Butter-Eier-Mischung heben. Die Masse auf dem Quark verteilen, mit 125 g Rosinen bestreuen und in der Röhre bei mäßiger Hitze backen.

In der Region begegnen sich die Volkskunst Böhmens, der Lausitz und des Erzgebirges. Es läßt sich manches originelle, wenn auch nicht gerade ortstypische Mitbringsel finden.

Wer in der Sächischen Schweiz seinen Urlaub in einer Ferienwohnung verbringt, kann gewiß sein, daß er zumindest einen Getränkemarkt in seiner Nähe hat. Meistens ist auch eine Bäckerei, ein Fleischer und ein Gemüsehändler im Ort, aber ansonsten sind die Einkaufsmöglichkeiten nicht sehr üppig. Supermärkte gibt es in den größeren Ferienorten. Eine Mittagspause ist üblich, am Wochenende haben die Geschäfte geschlossen. Aber hungern muß niemand, denn es gibt zahlreiche preiswerte Gasthöfe.

Mischmasch sächsischer Volkskunst

Wer ein Urlaubsmitbringsel sucht, sollte in Bad Schandau, Sebnitz oder Neustadt danach Ausschau halten. Die dortigen Ladenstraßen sind zwar nicht besonders aufregend, aber immerhin bieten ein paar Geschäfte hochwertige Kunstgewerbeartikel aus der Lausitz und dem Erzgebirge an: Pyramiden, Engel, Spieldosen. Natürlich lohnt sich ein Ausflug nach Pirna oder Dresden (nicht nur für einen längeren Ein-

Sächsisches Handwerk hat Tradition: hier die Töpferei Hasse im Kirnitzschtal

kaufsbummel!). Das **Sächsische Kunsthandwerkerhaus** befindet sich in einem restaurierten Bauernhaus mit Bauernstübel in **Langenwolmsdorf** bei Stolpen (täglich, auch Samstag und Sonntag, 9 bis 18 Uhr). Es unterhält auch Außenstellen in Sebnitz und Pirna. Hier trifft man auf ein geradezu märchenhaftes Angebot der Volkskunst aus der Oberlausitz und dem Erzgebirge, zum Beispiel Holzwaren, Bürgel-Keramik, handgewebte Tischwäsche und Handgeschmiedetes. Die mit der Laubsäge ausgeschnittenen und indirekt beleuchteten erzgebirgischen Doppelschwibbögen wurden dort entwickelt. Sie sind ein toller Weihnachtsschmuck! Auch ein Service aus **Pulsnitzer Tongeschirr** (mit den herrlichen bäuerlichen Ziermustern) kann sich jeder individuell zusammenstellen.

Ein Souvenir aus der Sächsischen Schweiz?

Der Sandstein bröselt Ihnen durch die Finger, und die **Sebnitzer Kunstblumen** halten auch nicht ewig. Sie sind zwar wunderschön, jedoch weder licht- noch feuchtigkeitsbeständig. Echte Azaleen, Kamelien und Bonsai werden am Schloßpark in Pirna-Zuschendorf verkauft. Aber wie wär's mit einem handgeschnitzten **Kaspertheater** aus **Hohnstein**, um die Rasselbande mit dem »Tri-tra-trallala« zu überraschen? Das ist in jedem Falle seinen Preis wert! Das »Schweizer« Töpferhandwerk, das immerhin auf eine 600jährige Tradition zurückblickt, beschränkt sich auf nur zwei kleine Töpfereien im Kirnitzschtal und in Hinterhermsdorf. Auch in Neustadt sind Töpfereien angesiedelt, die ihre Ge-

Der Besondere Tip

Sebnitzer Kunstblumen Wenn Sie wissen wollen, ob die Blumen echt sind, dann machen Sie es wie König Salomo in der antiken Legende! Er löste das Blumenrätsel der Königin Saba, indem er eine Biene zu den Naturblumen fliegen ließ. »...Unsere Blumen, glänzend-künstlich, Blühen fort das ganze Jahr«, schrieb Johann Wolfgang von Goethe, dessen spätere Frau Christiane Vulpius in der Weimarer Kunstblumenfabrik tätig war. Eine Zeit, in der auch die sächsische Seidenblumenerzeugung Hochkonjunktur hatte. Wenn die Blumenverkäuferin nicht von einer Biene verraten wird, so merken Sie kaum, daß sie einen Kunststrauß in der Hand hält.

Die Sebnitzer Kunstblumen wurden zu Beginn des 20. Jh. weltweit vermarktet

fäße in der **Schwämmeltechnik** verzieren. Für böhmisches Glas muß man auch nicht erst nach Böhmen fahren. In der Sächsischen Schweiz können Sie rundweg alles aus ganz Sachsen, Thüringen und Böhmen haben, nur muß man wissen, wo!

Kletterzubehör, Wein und Naschwerk

Die Bergsteiger haben die volle Auswahl. In Bad Schandau und Hohnstein bekommen Kletterer alles, was ihr Herz begehrt. Seit der Wende bietet jedes größere Lebensmittelgeschäft auch einen guten sächsischen Wein an. Der Kenner kann ihn zum Beispiel in den Weinstuben zwischen Pirna und Seußlitz verkosten. Oder man probiert ihn gleich beim Spezialisten für Elbtalweine **Leonhardt** in **Hosterwitz** schräg gegenüber vom Carl Maria von Weber Haus, Dresdner Straße 111 (Tel. 03 51/ 2 61 85 84). Ein sächsischer Wein ist in jedem Falle ein nettes Mitbringsel. Bekannte Sorten: Seußlitzer Heinrichsburg, Proschwitzer Katzensprung vom Bockberg bei Meißen, der Kapitelberg aus dem Spaargebirge, der Steinrücken aus der Lößnitz. Auch der Kräuterschnaps **Königsteiner Berggeist** und der Bitterlikör **Wesenitz** sind typisch für die Gegend. Testen Sie mal den hauseigenen Kräuterlikör im Landgasthof »Heiterer Blick« auf der Panoramahöhe Altendorf! Nicht zu vergessen die sächsischen Backwaren (→ Essen und Trinken, S. 20). Dresdner Stollen und Leipziger Lerchen zum Beispiel können problemlos transportiert werden.

Zollfrei nach Böhmen

Im übrigen kann man einiges auch zollfrei einkaufen – entweder auf einem Raddampfer, der nach Böhmen fährt, oder an einem der Grenzübergänge. Bei dieser Gelegenheit könnte man schauen, was denn der Nachbar so zu bieten hat. Der Trödelmarkt in Hřensko übertrifft jedenfalls die Märkte, die in den größeren Orten der Sächsischen Schweiz abgehalten werden. Die leckeren Knödel, die Oblaten, der **Karlsbader Becher** und die ungarische Salami sind dort allerdings nicht so preiswert wie sonst in Tschechien.

Die Kinder strahlen, wenn die Indianer mit ihren Pferden auf die Felsenbühne in Rathen preschen und Winnetou für Freiheit kämpft.

Die Sächsische Schweiz ist mit ihren märchenhaften Bergformen ein Zauberreich für jede Kinderseele, denn mit etwas Phantasie entdeckt man hier eine Menge Sagengestalten. Höhlen, Gänge, Leitern, Stiegen und Aussichten sind für die Knirpse ein stolzes Erlebnis und eignen sich bestens zu Räuberspielen (zum Beispiel das Labyrinth im Bielatal). Achtung! Die Wanderwege im Elbsandsteingebirge sind nicht ungefährlich, den Wagemut und die Kräfte der Kleinen sollte man nicht überstrapazieren. Besonders im Bielatal üben sich viele Kinder unter fachlicher Anleitung im Klettern, manche spielen allerdings lieber im Sand.

Mit der **Semmeringbahn** und der **Kirnitzschtalbahn** oder gar mit den uralten **Dampfschiffen** kann das Gebirge spielend leicht erobert werden. Auch der **Festungsexpreß Königstein** ist eine Freude für Kinder und das Ponyreiten während des Urlaubs auf dem Bauernhof ohnehin. Der Ableger des **Urzoos Kleinwelkas** (Forellenschänke) in Sebnitz erfreut groß und klein.

In der Hohnsteiner Burg findet jährlich ein Puppenspielfest statt

Bootsfahrten
Bootfahren macht immer Spaß. Von Rathen sind es nur wenige Minuten bis zum **Amselsee**, auf dem man durch die Felsenlandschaft rudern kann. In der **Kirnitzschklamm** stakt der Bootsmann zwischen steilen Wänden und erzählt von allerlei Tier- und Märchengestalten, ähnlich in der **Edmundsklamm** in Böhmen bei Hřensko.

Felsenbühne Rathen ■ F3
Zum Repertoire der Felsenbühne in Rathen (→ S. 57) zählen Kinder- und Abenteuerstücke sowie Märchenopern. Hauptrenner sind Bühnenfassungen von Karl-May-Romanen wie »Old Surehand«. Großer Beliebtheit bei den Kindern erfreuen sich natürlich auch »Pippi Langstrumpf« von Astrid Lindgren und die Kinderoper »Hänsel und Gretel«. Im Juni findet auf der Felsenbühne das Rathener Kinderfest statt.

TOPTEN 6

Märchenstunden im Schloß ■ D3
Ein Märchenschloß ist Weesenstein im wahrsten Sinne des Wortes. Märchenstunden für Vorschulkinder in der Adventszeit, Kindersilvester, Hexenfasching sind ebenso zur Tradition geworden wie die Lesestunden mit dem Schauspieler Rolf Hoppe. Dabei gibt es Kaffee und Kuchen sowie eine kleine Überraschung (Voranmeldung: Tel. 03 50 27/54 26).

Nationalpark
Die Nationalparkverwaltung organisiert zwischen April und Oktober kostenlose Veranstaltungen für Schulklassen unter dem Motto »Nationalpark erleben«. Auf Exkursionen entdecken die Schüler interessante Naturphänomene. Anmeldungen: Tel. 03 50 22/4 31 90.

Außerdem lohnt sich ein Besuch der **Nationalparkbaude** am **Amselfall**, in der lehrreiche Naturspiele angeboten werden.

Der Besondere Tip

Hohnsteiner Kasperpuppen Im Ausstellungs- und Verkaufsraum von Wolfgang Berger auf der Sachsenberg-Siedlung in Hohnstein kann man die kunterbunte Hohnsteiner Handpuppenfamilie bewundern. Das Sortiment umfaßt über 30 verschiedene Figuren. Der Hohnsteiner Kasper erlangte Weltruf und wird noch heute originalgetreu hergestellt. In der Werkstatt demonstriert der »Puppenvater« seine Arbeit mit dem Stecheisen. Der Kasperkopf wird aus einem Lindenklotz geschnitzt und handbemalt. 25 Kasperfilme trugen das »Tri-tra-trallala« dieser Symbolfigur in alle deutschen Lande. ■ G2

Die Renner auf der Rathener Felsenbühne: »Winnetou« und »Old Surehand«

Unzählige Wanderwege bieten die besten Voraussetzungen für ein Herzmuskeltraining; auch ohne extremes Klettern kommt man hoch hinauf.

Rund 1100 freistehende Klettergipfel mit nahezu 12 000 Kletterwegen sprechen für sich. Geklettert wurde hier bereits im Mittelalter. Wie sonst hätten die Raubritter ihre steilen Burgfelsen erklimmen sollen? Durch tollkühne Steiganlagen sind sie heute für den Wanderer zugänglich. Der abenteuerliche Aufstieg von **Sebastian Abratzky** auf den Königstein im Jahre 1848 gilt als Vorläufer der freien Kaminkletterei, die heute charakteristisch für den Bergsport in der Sächsischen Schweiz ist. Im Jahre 1864 bestiegen Schandauer Turner den Falkenstein. Als Geburtsstunde des sächsischen Bergsteigens in der Form des »Free Climbing« gilt die Besteigung des Mönches im Jahre 1874 durch **Otto Ewald Ufer**, denn sie erfolgte bereits ohne künstliche Hilfsmittel. Dank der großen Haftfähigkeit des mit geflochtenen Hanfsohlen versehenen Kletterschuhs konnten später auch Risse und Kamine durchklettert werden. Der sächsische Bergsteiger **Bernd Arnold** trug in den letzten Jahren mit über 600 Erstbegehungen zur Erschließung von Gipfeln der oberen Schwierigkeitsgrade bei. Reiten, Paddeln und Angeln sind weitere in der Region beliebte Sportarten. Der Ruderer-Hafen in Prossen muß nur mal freigeschaufelt werden. Die früher üblichen Wildwasserrennen auf der Kirnitzsch finden im Nationalpark nicht mehr statt.

Kletterparadies Sächsische Schweiz

Angeln

Angeln ist in der Sächsischen Schweiz mit Angelschein möglich, aber nur in den Flüssen, die nicht durch den Nationalpark fließen.

Fitneß

Soli Vital ■ I 2
Tennis, Squash, Badminton, Sauna, Fitneßstudio, Sportlerbar, Kosmetik, Restaurant.
Schandauer Str. 100
01855 Sebnitz
Tel. 03 59 71/5 74 98
Tgl. 9–24 Uhr

Sport und Freizeitzentrum ■ D 3/E 3
Das Angebot reicht von Dampfbad, Physiotherapie, Whirlpool, Fitneß, Solarium, Aerobic, Sauna bis hin zu Tennis, Squash, Badminton, Minigolf, Kegeln und Billard.
Rottwerndorfer Str. 56b
01796 Pirna
Tel. 0 35 01/44 35 79
oder 01 61/4 30 30 60

Klettern

Arnold's Bergsportladen ■ G 2
Kletterkurse und Ausrüstungen.
Obere Str. 35
01848 Hohnstein
Tel. und Fax 03 59 75/2 46

Der Insider ■ H 4
Marktstr. 4
01814 Bad Schandau
Tel. 03 50 22/4 23 72

Paddeln

Gepaddelt wird auf der Elbe, die zunehmend sauberer wird. Arnold's Bergsportladen in Hohnstein oder »Der Insider« in Bad Schandau (→ Klettern) bieten Paddelkurse, Bootsverleih und Ausrüstungen. Außerdem plant der Besitzer der »Villa Maria« in Wehlen ein Wassersportzentrum für Kanu-Schlauchbootfahrten bis zur Moldau (Tel. 03 51/2 61 88 05).

Radfahren

Mehrtägige organisierte Radtouren bieten die Touristenbüros und der Fremdenverkehrsverband in der Sächsischen Schweiz an (→ Die Sächsische Schweiz von A bis Z, S. 116).

Mountain Bike Tours Jürgen Strohbach ■ H 4
Poststr. 14
01814 Bad Schandau
Tel. 03 50 22/4 28 83

Reiten

Der Reitsport erfreut sich besonders in den Bauerndörfern großer Beliebtheit. Die Reiterhöfe führen auch Kutsch- und Kremserfahrten durch. Weitere Reiterhöfe gibt es in Ehrenberg, Kurort Gohrisch, Hohnstein, Neustadt, Stolpen, Lohmen, Lichtenhain, Sebnitz und Rosenthal.

Reiter- und Pferdehof Eschenbach ■ L 3
Schandauer Str. 17
01855 Hinterhermsdorf
Tel. 03 59 74/5 04 63

Frank Fischer ■ H 4
Krippenberg 96
01814 Reinhardtsdorf
Tel. 03 50 28/8 09 59

Pferdehof A. Schiekel ■ F 3
Mittelweg 18
01829 Wehlen
Tel. 03 50 24/7 04 59

Schwimmen

Für Wasserratten gibt es u. a. Freibäder in Cunnersdorf (solarbeheiztes Wasser), Kurort Gohrisch, Hohnstein, Berggießhübel. Das Baden in den Gewässern des Nationalparks ist verboten. Ein Badesee befindet sich in der Nähe von Graupa bei Birkwitz/Pratzschwitz.

Freizeitbad
»Monte Mare« ■ H 1/I 2
Riesenrutsche, Wellenbecken, Spaßbecken, Wildbach, beheiztes Außenbecken, Saunagarten, Dampfbad, Restaurant.
Götzinger Str. 12
01844 Neustadt
Tel. 0 35 96/50 20 70
Mo 14–23 Uhr, Di–Do, Sa 10–23 Uhr, Fr 10–24 Uhr, So 10–21 Uhr, während der Schulferien tgl. ab 10 Uhr

Segelflug

Aeroclub Pirna e.V. ■ D 3/E 3
Rundflüge mit Motor- und Segelflugzeug, Segelflugausbildung.
Söbrigener Weg
01796 Pirna
Tel. 0 35 01/52 36 44

Skifahren

Im Ortsteil Rugiswalde, 5 km von Neustadt entfernt, gibt es einen mit Kunststoffmatten belegten alpinen Skihang mit Liftbetrieb, der in schneearmen Monaten benutzt wird.

Wandern

Mehrtägige geführte Kletter- und Wandertouren durch den Nationalpark mit Gepäckbeförderung organisieren die Fremdenverkehrsbüros und der Wanderclub der Sächsischen Schweiz (Verantwortlicher: Harald Gilge, Schillerstr. 52, 01796 Pirna).

Der Besondere Tip

Free Climbing in der Sächsischen Schweiz Der Klettersport in der Sächsischen Schweiz ist mit der Landschaft eng verbunden. Zum Erhalt des weichen Sandsteins wurden 1913 Kletterregeln festgelegt. Das Free Climbing wurde in der Sächsischen Schweiz geboren. Nur der Erstbegeher darf Sicherungsringe setzen (ohne vorherige Erkundung oder Sicherung von oben). Geklettert wird in der Regel nur an freistehenden Gipfeln. Das Free Climbing ist eine einzigartige Möglichkeit, den Körper bewußt zu erleben und sich im Einklang mit der Natur selbst zu finden. Es muß allerdings davor gewarnt werden, ohne ausreichende Sachkenntnisse oder Anleitung zu klettern.

Wenn die Schiffer und Fischer mit ihren Posaunen den Winter ausgetrieben haben, erklingt im Sandsteingebirge Kammermusik.

Die **Schifferfastnacht**, die traditionell und ausgiebig vor allem in Postelwitz und Stadt Wehlen gefeiert wird, zieht gegen Winterende die ersten Besuchermassen an. Man begeht dieses Fest schon seit dem Mittelalter. Es dauerte stets vier Tage und Nächte. In der Vordampfer-Ära waren die Elbschiffer oft monatelang den Launen des unregulierten Flusses ausgesetzt. Von Hochwasser, Eisgang, Sandbänken und treibenden Baumstämmen sowie Unwettern bedroht, überlieferten sie in ihren Schiffersprüchen den Glauben an höhere Mächte, gepaart mit ihren praktischen Berufserfahrungen. Wenn auf der Elbe starke Eisschollen trieben oder der Fluß zugefroren war, machten sie mit einem ausgelassenen Fest dem Winter den Garaus. Höhepunkt war ein turbulenter Umzug, an dem sich das ganze Dorf beteiligte. Die Schifferfastnacht ist der Auftakt zur reichhaltigen Festsaison in der Sächsischen Schweiz.

Auf der **Kirmes** können die Urlauber die Fingerfertigkeit der Frauen am traditionellen Spinnrad bewundern. Das Jazzfieber entbrennt beim **Dixieland-Festival** im Mai in Dresden. Zum **Lichtenhainer Blumenfest** werden im August die Dörfer der Gemeinde mit Blumen geschmückt. Beim regelmäßigen **Gorngammerdans** im Kornkammerhaus der Burg Stolpen kann man zur Volksmusik das Tanzbein schwingen.

Beim Historischen Kostümfest auf Burg Stolpen

Februar/März
Skifasching in Langburkersdorf
Mitte Februar

Schifferfastnacht
In Postelwitz, Schmilka und Prossen machen sich am frühen Morgen die Fleckelmänner mit ihren spitzen Hüten auf den Weg, um mit Trompeten und Tuten den Winterschlaf zu beenden. Ihr Name kommt von den »Flekken«, aus denen ihre Kostüme zusammengeflickt sind. Mittags folgt die Festansprache des Kapitäns. Hinter ihm formiert sich dann der Umzug. Er wird angeführt von den »Weißen« mit ihren breiten roten Schärpen um den Leib. Es folgen die Matrosen, die auf ihren Schultern reichgeschmückte Fastnachtskähne schleppen. Begebenheiten aus dem früheren Schifferleben werden eindrucksvoll nachgespielt. Nach dem Umzug ist der Landgang angesagt, wobei jedes Haus für jedermann offensteht. Dabei wird fleißig aufgetischt und reichlich getrunken. Abends ist großer Schifferball. In Königstein, Rathen und Wehlen wird die Schifferfastnacht weniger karnevalistisch gefeiert.
Ende Februar/Anfang März

April
Ostersingen in Rheinhardtsdorf
Das traditionelle Ostersingen am Osterbrunnen in Rheinhardtsdorf findet nach dem Festgottesdienst am Ostersonntag statt. Für die Kinder werden Geschenke versteckt.

Mai
Himmelfahrtssingen an der Kaiserkrone
Wer Lust hat, kann kommen und singen! Um 19 Uhr stimmt die Kurgemeinschaft Lieder an.
Himmelfahrtstag

Schloßfest Weesenstein
Zu Pfingsten präsentieren im Schloßgarten Ritter, Gaukler, Handwerker und Spielleute den Zauber des Mittelalters auf einem einzigartigen historischen Markt. Pommes oder Cola sind hier »out«. Feudal werden die Leckerbissen in Waffeln oder echtem Steingut serviert.

Hohnsteiner Puppenspielfest
Seit 1986 findet Ende Mai das Puppenspielfest mit internationaler Beteiligung statt. Es wurde von Freunden des Puppenspiels aus der Region initiiert (→ Der Besondere Tip, S. 26).

Königsteiner Stadt- und Festungstage
Konzerte und Lesungen, Künstlerausstellungen, Märkte, Sportwettkämpfe, Lampion- und Fackelumzug, Festumzug.

Juni
Pirnaer Stadtfest
Historischer Handwerkermarkt im Klosterhof und Kirchenkonzert.
Mitte Juni

Sonnenwendfeier (21. Juni) und Johannisfeuer (24. Juni)
Am Tag Johannes des Täufers werden Hexen und Unholde mit Besen ausgetrieben. Möglichst auf einer Anhöhe werden die mit brennbarem Stoff umwickelten Besen bei lautem Geschrei und Gejauchze angezündet. Die Bauern stecken die halbverkohlten Besenstiele in die Äcker, um das Wild zu vertreiben. Besonders in Papstdorf leuchten die Feuer bis weit in die Nacht hinein.

Fest der Sachsenländer Blasmusikanten e.V.
Jeweils zu Beginn der Sommerferien gibt's im Festzelt auf dem Sebnitzer Markt Live-Musik aus

Böhmen und Sachsen. Es darf auch auf den Tischen getanzt werden! Besonders beliebt ist die Oberländer Kapelle.
Ende Juni

Juli
Country-Festival auf der Felsenbühne
Country-Gruppen aus Deutschland und aller Welt treten in Rathen auf.
Anfang Juli

August
Hohnsteiner Klettersportfest
Alle zwei Jahre findet seit 1991 dieses Fest statt. Auf Initiative von Bernd Arnold soll es zur Tradition werden. An einer etwa 100 qm großen Kunstwand im Burggarten wird um die Wette geklettert.
Mitte August

Oldtimertreffen in Stolpen
Oldtimerbesitzer aus dem In- und Ausland zeigen ihre Autos.

September/Oktober
Kinderburgfest in Stolpen
Mit vielen Überraschungen.

Stadtfest Sebnitz
Markt, überregionale Gewerbeausstellung. Außerdem Tanzveranstaltungen, ein Jugendabend und eine Modenschau.
Anfang Oktober

Oktoberfest im Bielatal
Bauernmarkt, Tanz, Konzerte, Kinderprogramm.

November/Dezember
Weihnachtsmärkte
Zur Weihnachtszeit zu empfehlen: schöne Ausflüge ins Weihnachtsland Erzgebirge mit seinen Nußknackern, Festpyramiden und Schwibbögen. Auf dem Sebnitzer Weihnachtsmarkt schüttelt Frau Holle für die Kinder »Bonbonbetten« aus, Brezel, Kekse und Stollen werden verteilt.

Das jeweilige genaue Datum der genannten Veranstaltungen verändert sich in jedem Jahr. Es kann bei der Stadtverwaltung oder den Touristenbüros erfragt werden.

DER BESONDERE TIP

Festival »Sandstein und Musik« Richard Wagner und Carl Maria von Weber ließen sich von der Landschaft der Sächsischen Schweiz inspirieren. Das Genie »Natur« schuf dort ein zeitloses Kunstwerk, das mit seiner in Stein gebannten Rhythmik und Harmonie dem Festival ein besonders schönes Ambiente verleiht. Die Konzerte mit Künstlern von Weltruf finden von März bis Oktober in verschiedenen Kirchen, Burgen, Schlössern, Museen und im Rheinhardtsdorfer Steinbruch statt. Die künstlerische Leitung hat Prof. Ludwig Güttler inne, im Kuratorium sitzen u. a. Prof. Theo Adam und Gunther Emmerlich. Sandstein & Musik e. V., Klosterstr. 5a, 01796 Pirna, Tel. 0 35 01/44 65 72, Fax 44 64 72

Der venezianische Maler Canaletto hielt Pirnas mittelalterliche Schönheit, die in der Altstadt fast originalgetreu erhalten ist, in nahezu fotografischer Weise fest.

Pirna

■ D 3/E3

TOPTEN 5

Im Süden von Dresden, wo die Elbe aus ihrem »Cañon« heraustritt und die Dampfer die nächste Brücke passieren, liegt die über 760 Jahre alte Stadt Pirna. Das **»Tor zur Sächsischen Schweiz«** bietet sehr viel mehr, als man zunächst denkt. Die rauchenden Industrieschlote in Heidenau kurz vor Pirna lassen weder etwas vom kunsthistorischen Reichtum der Stadt noch von der Romantik der Sandsteinfelsen in der Sächsischen Schweiz erahnen. Pirna ist eine der ältesten und eine der schönsten Städte Sachsens. Die mittelalterlichen Gebäude der **Pirnaer Altstadt**, die unter Denkmalschutz steht, werden nun endlich liebevoll restauriert. In der Stadt herrscht reger Baubetrieb. Ausflüge in die nähere Umgebung führen zu Schlössern und Burgen. Und die Sächsische Weinstraße nimmt bei Pirna ihren Anfang.

Die im Schutze einer slawischen Burgwarte »na pernem« (auf dem harten Stein) im 11. Jahrhundert entstandene Siedlung wurde erstmals 1233 in einer Urkunde des Bischofs Heinrich von Meißen erwähnt. Der schachbrettartige Ort mit seinem rechteckigen Marktplatz fiel Ende des 13. Jahrhunderts an Böhmen und kam schließlich 1405 wieder an die markmeißnerische Herrschaft. Als zentraler Handelsplatz erlebte er im 15. und 16. Jahrhundert eine wirtschaftliche Blüte. Davon zeugen die schmucken **Patrizierhäuser** mit reichverzierten Giebeln und Erkern. Auch finden wir zahlreiche kostbare architektonische Details wie **Sitznischenportale**, bunte Wappen oder Hausmarken, die auf einzelne Zünfte und Gewerbe hinweisen. **Volutengiebel** und **Wendelsteine, Hofgalerien**, Mansardendächer sowie einige Brunnen überdauerten trotz aller Verwüstungen die Belagerungen im Dreißigjährigen, Nordischen und Siebenjährigen Krieg. **Napoleon** weilte wenige Wochen vor der Völkerschlacht bei Leipzig in Pirna. Von den Bombenangriffen im Zweiten Weltkrieg blieb die Stadt weitgehend verschont. Das **Kuratorium Altstadt e.V.** brachte nach der Wende an 50 historischen Häusern Texttafeln an, so daß der Besucher durch die alten Gassen bummeln und sich über die Geschichte der Stadt informieren kann. Über ihr thronen auf dem Schloßberg die heutigen Gebäude der Feste Sonnenstein.

In gemütlichem Ambiente können Sie in Pirnas »Deutschem Haus« nächtigen

Hotels und andere Unterkünfte

Es gibt in Pirna viele komfortable Übernachtungsmöglichkeiten, wie zum Beispiel die Hotels **Pirnascher Hof, Zur Post, Sächsischer Hof** und das Apartmenthaus **Am Postweg**. Zwei außergewöhnliche Gasthöfe mit besonders schönem Altstadtambiente sollen hervorgehoben werden.

Am Schloßberg
An Phantasie mangelt es den Besitzern nicht. Die kleine Pension in einem sanierten Mietshaus gegenüber dem Erlpeterbrunnen ist idyllisch am Fuße des Schloßberges gelegen. Der rustikale Gasthof mit Terrasse besitzt den Flair eines Landsommerhauses.
Am Schloßberg 2
Tel. und Fax 0 35 01/52 37 72
4 Zimmer
Untere Preisklasse

Romantik-Hotel »Deutsches Haus«
Mit halbverwunschenem, historischem Ambiente (→ S. 37), Gartenrestaurant, Weinstube und Renaissancesaal. Abendmusik-Konzertreihe unter der Schirmherrschaft des Bürgermeisters der Stadt.
Niedere Burgstr. 1
40 Zimmer
Tel. 0 35 01/44 34 40
Obere Preisklasse

Spaziergang

Wenn man aus der Sächsischen Schweiz über die B 172 nach Pirna kommt, sollte man wegen Stau und Stadtverkehr nicht gerade zur »Rush hour« fahren. Viel schneller und auf romantischere Weise entdeckt man die Stadt ohnehin zu Fuß! Die Stufen am Schloßberg führen zum Marktplatz hinunter.

In der ehemaligen **Feste Sonnenstein**, von der aus man einen außergewöhnlich schönen Blick auf das Dächergewirr der Stadt hat, wurde 1811 eine Heil- und Verpflegungsanstalt eingerichtet. Mit der humanen Behandlung von Geisteskranken wurde in den ersten Jahrzehnten ihres Bestehens eine Psychiatriereform in die Wege geleitet, die in ganz Europa großes Aufsehen erregte. Viele Patienten aus dem Ausland, insbesondere russische Intellektuelle, suchten in der renommierten Klinik Heilung. Der hier tätige Arzt und Kunstliebhaber Anton Dietrich (1797–1868) erlernte die russische Sprache und übersetzte Märchen. Daraus entstand die erste deutsche Anthologie russischer Volksprosa. Unter dem Hitler-Regime fielen auf dem Sonnenstein Tausende Patienten dem Euthanasie-Programm zum Opfer. Heute sind dort Betriebe angesiedelt.

Das prächtige **Rathaus** am **Markt** bildet den Mittelpunkt des historischen Stadtkerns. Es wurde 1555 vom Architekten Wolf Blechschmidt als Kaufhaus erbaut. Von seinem Vorgängerbau sind einige spätgotische Portale erhalten (Westseite). Volutengiebel, Fenster und Erdgeschoßtüren stammen aus der Zeit der Renaissance, ein Erweiterungsbau aus dem 19. Jh. Der barocke **Turmaufsatz** mit der **Kunstuhr** von 1557, dem **Wappen der Stadt** und dem **Wappen Sachsens** ergänzt den stilreichen Mischmasch. Der grüne Birnbaum mit goldenen Früchten im Stadtwappen deutet den Namen Pirna auf romantische Weise. Rechts und links hangeln sich Löwen hinauf, die mit ihren Vorderpranken analog dem Glockenklang die Zeit schlagen. Die wuchtigen **Brunnentröge** auf dem Marktplatz wurden jeweils aus einem Sandsteinblock gehauen.

Der Markt ist von schmucken **Patrizierhäusern** umgeben: Am gelben Eckhaus Markt 16 erzählt ein **Sandsteinrelief** die alttestamentarische Legende des Propheten Jona, der drei Tage im Magen eines Walfisches ausharren mußte. Für die Pirnaer Elbschiffer muß sie von großer Bedeutung gewesen sein, denn diesem in der Reformation beliebten Motiv mit der Rettung des in höchste Not geratenen Jona begegnet man in Pirna des öfteren. Golden leuchtet der mörserstampfende Löwe am Markt 17, wo sich die **Apotheke »Zum Löwen«** befindet. Markt 19 beherbergt den **Gasthof »Weißer Schwan«**, ebenfalls mit Hausmarke und mit der Jahreszahl 1699. Das **Marienhaus** am Markt 20 mit schöner Barocktür und einer Madonnenfigur unter der Eckdachtraufe gehörte einst dem Bildhauer Michael Schwenke. Hier wohnte 1813 Napoleon. Im Urzeigersinn folgt Markt 3 – ein **gotisches Kaufmannshaus** (um 1500) mit fünffachem spätgotischen Kielbogen sowie Sitznischen und einer ehrwürdigen Holztür aus der Zeit um 1800. Unter dem steilen Dach des kalkweißen **Canaletto-Hauses** (Markt 7) mit spätgotischer Giebelfassade befanden sich früher Vorratsböden. Heute ist es eine Kunstgalerie. Markt 9 mit den korinthisch anmutenden Säulen ist ebenfalls ein altes Handelshaus, das einst der Nürnberger Kaufmannsfamilie Volkamer gehörte. Der Birnenbaum des Stadtwappens dient als Hausmarke am Markt 10, wo im Mittelalter das Eisenamt seine Aufgaben wahrnahm.

Auch in den umliegenden Straßen ist die mittelalterliche Architektur erhalten – in der Langen Straße 10 ein besonders schmuckes **Barockportal**. Das **Geburtshaus** des unrühmlichen Ablaßhändlers Johannes Tetzel befindet sich in der Schmiedestraße 19. Verwinkelte Gassen umgeben auch die **Marienkirche**. Sie verkörpert die Seele der Stadt. Das **Romantik-Hotel** in der Niederen Burgstraße 1 lockt seine Gäste mit einem prächtigen **Portal**,

Besonders schön zeigt sich Pirnas Elbseite im Abendlicht

welches das Brustbild des Baumeisters Wolf Blechschmidt ziert. Die bemalte **Balkendecke** (1600) im Inneren ist eine kunsthistorische Kostbarkeit. In der Oberen Burgstraße 1, hinter der Marienkirche, kann man den mehrgeschossigen **Teufelserker** von 1622/24 mit einer dämonischen Teufelsmaske als Tragefigur bewundern. Oder in der Nähe den hübschen **Erlpeterbrunnen** mit dem netten Spruch »Wer nicht Geld hat in seiner Tasche, der trinkt mit mir aus meiner Flasche...«.

Nicht weit entfernt in der sogenannten **Schifftorstadt »Am Plau«** ist noch heute ein eigenes Ortszentrum erkennbar. In den niedrigen zweistöckigen Häuschen wohnten einst die Fischer und Elbschiffer Übrigens erfolgte die Einbindung der Straßen an den Marktplatz bei aller Regelmäßigkeit etwas versetzt, wodurch beim Gang zum Markt überraschende Effekte entstehen. Dies ist zum Beispiel in der **Barbiergasse** deutlich spürbar. Am Ende der Gasse steht ein **Renaissance-Eckhaus** mit schönem Portal und dem berühmten **Sandsteinerker** (1624) mit vergoldeter Engelsfigur. Unweit der Elbe folgt dann das ehemalige **Dominikaner-Kloster**, in dem sich heute das **Stadtmuseum** befindet. Beliebtes Fotomotiv ist die alte **Postmeilensäule** aus Pirnaer Sandstein am Eingang zur Jakobäerstraße.

Sehenswertes

Canaletto-Weg

Zu den Künstlern, die unter August III. nach Dresden gerufen wurden, gehörte der venezianische Vedutenmaler Bernardo Bellotto, genannt Canaletto (1721–1780). Er schenkte neben Venedig, Florenz, Warschau und Dresden auch Pirna seine Gunst. Seine Pirna-Gemälde sind in der Dresdner Galerie »Alte Meister« ausgestellt. Ihr großes Format vermittelt den Eindruck, man würde geradewegs durch die mittelalterliche Stadt spazieren. Deren malerische Architektur, die allein schon einem Gemälde gleicht, muß den Künstler angeregt haben, sie derart räumlich-körperlich auf die Leinwand zu projektieren. Der Blick von der Südwestecke des Marktplatzes eröffnet noch heute eine fast originalgetreue mittelalterliche Stadtansicht. Es existieren übrigens fünf Exemplare von seiner berühmten Marktplatz-Vedute. Im Canaletto-Haus am Markt 7 soll er während seines Aufenthaltes in Pirna gewohnt haben. Der ausgeschilderte Canaletto-Weg beginnt auf der **Festung**. Von hier oben malte der Künstler die Stadt. Auch von der Copitzer Flußseite erfaßte er sie aus mehreren Perspektiven. In seinen Bildern spiegelt sich ihre Silhouette in dem Fluß mit den damals noch zartweißen Sandstränden. Heute kann man mit einer Personenfähre hinüberschippern. Die alte Postmeilensäule findet sich auf seinen Gemälden an ihrem urspünglichen Standort vor dem Dohnaischen Stadttor.

Dominikanerkloster

Um 1300 wurde das Kloster für die Dominikaner angelegt. Dem Bettelorden reichte damals das Geld gerade einmal zum Bau einer kleinen Flachdachkirche, so daß später eine nur zweischiffige Klosterkirche entstehen konnte. Ungewöhnlich ist auch das kleine Treppchen, auf dem man ins Kircheninnere hinabsteigt; es gleicht den Niveauunterschied zu dem einst wegen Hochwassers aufgeschütteten Außengelände aus. 16 **fratzenhafte Köpfe** an den Konsolen versinnbildlichen das Böse auf Erden. Sehr wertvoll sind zudem die **Mariendarstellung** an der Südwand

In der Marienkirche ist besonders das ungewöhnliche Gewölbe sehenswert

mit dem nackten Jesuskind (um 1400), der spätgotische geschnitzte **Flügelaltar** aus Thüringen (1510), die **Sandsteintaufe** (1574) und die Holzfigur der **trauernden Muttergottes** (1520). Sie stammt aus der Dresdner Hofkirche und überdauerte den Zweiten Weltkrieg in einem Kohlenkeller in Königstein. 1539 wurde das Kloster säkularisiert. Es wurde 1945 teilweise zerstört. 1957 zog die katholische Gemeinde in die Kirche St. Heinrich ein. In dem **dreijochigen Kapitelsaal** mit seinen wertvollen **Kreuzrippengewölben** befindet sich das **Heimatmuseum**. Nach der Wende erfuhr das Kapitelsaalgebäude eine hervorragende Restaurierung. Aufgrund seiner guten Akustik dient es auch als Konzertsaal.

Marienkirche

Die dreischiffige Stadtkirche »St. Marien« mit ihrem 60 m hohen Turm und der steilen Barockhaube – eine der schönsten und bedeutendsten spätgotischen Hallenkirchen Sachsens – wurde 1502 bis 1546 unter Verwendung eines älteren Turms nach Plänen des Baumeisters Peter Ulrich von Pirna erbaut. Die Gewölbe im Inneren mit ihrer Pracht aus Netz-, Stern- und Rippenformen und die meisterhaften Deckenmalereien vermitteln die Illusion eines Himmelszelts. Die sogenannte Hobelspanrippe, die gleichnishaft Schlange, Teufel und Dämon darstellt, und die Schleifenrippe am südöstlichen Chorgewölbe gelten als besondere architektonische Kuriositäten. Auch die gedrehten Tauwerksrippen sowie die Astgebilde im Hauptchor sind Details, die die Schönheit der Kirche offenbaren. Unter dem reichhaltigen ornamentalen Schmuck im Rhombennetz mit Malereien aus der Lutherzeit sind Szenen aus dem Alten und Neuen Testament dargestellt. Unverkennbar huldigt man der Reformation. Der erste Superintendent und geistige Inspirator der Kirche war vor seiner Pirnaer Zeit Tischgenosse Martin Luthers in Wittenberg. So tragen die dargestellten Evangelisten Lukas und Markus die Porträtköpfe von Martin Luther und Philipp Melanchthon. Am Nordportal der Kirche stehen die Skulpturen der beiden Reformatoren.

Der 10 m hohe **Spätrenaissance-Altar** aus Sandstein (1611) von den Gebrüdern Schwenke ist das Prunkstück des Gotteshauses. Er versinnbildlicht die Sintflut und die Auferstehung Christi zwischen Jakobsleiter und Himmelfahrt des Elia, d. h. Leben, Tod und Erlösung. Der originelle Figurenschmuck aus Sandstein in der Kirche stammt im wesentlichen von der Bildhauerfamilie Schwenke. Den **Taufstein** von 1561 mit seinem originalen Rundfuß aus der Zeit ihrer Entstehung beschrieb Goethe in einem seiner Briefe. 26 Kinder essen, trinken, beten, schlafen und spielen in einer Ringelreihe. Die **Jahr-Orgel** aus dem Jahre 1842 hat 4000 Pfeifen und 56 Register.
Kirchplatz 13
Tel. 0 35 01/52 79 73 (Pfarramt)
Regelmäßig Orgelkonzerte;
Mai–Sept. 10–12 Uhr und
14–15.30 Uhr, im Winter auf
Anfrage

Schloß und Park Zuschendorf

TOP

Das hübsche Landschloß aus dem 16. Jh. befindet sich am Stadtrand Pirnas im Ortsteil Zuschendorf. Im Schloßpark mit romantischem Teich und duftenden Rhododendren erwartet den Besucher auch eine reichhaltige Bonsai-Sammlung. Im Frühjahr überrascht die geradezu verschwenderische Blütenpracht Hunderter Kamelien und Azaleen in den Schauhäusern. Im 19. Jh. zählte Sachsen zu den

größten Azaleenanbaugebieten Europas. In Anlehnung an asiatische Traditionen hat man im Park ein typisches Teehaus mit Grasdach errichtet. Karl Foersters Worte: »Wer Träume verwirklichen will, muß tiefer träumen und wacher sein als andere«, die im Innern des Hauses zu lesen sind, nehmen sanft Bezug auf die betörende Schönheit des Fernen Ostens, von dem man sich in Zuschendorf verführen lassen kann.
Tel. und Fax 0 35 01/52 77 34
Di–Fr 10–18, Sa, So und Feiertage 10–17 Uhr; vom herbstlichen Frosteintritt bis Mitte Feb. geschl.
Eintritt 4 DM, 3 DM erm., Führungen 3 DM

Museum

Stadtmuseum Pirna
1863 im Rathaus untergebracht, befindet es sich seit 1923 im ehemaligen Dominikanerkloster. Es birgt kostbare Kleinode zur Stadtgeschichte, Naturgeschichte und Numismatik. Kunstseidenmuseum. Umfangreiche Grafiksammlung.
Klosterhof 2/3
Mai–Okt. Di–So 10–18 Uhr, Nov.–April Di–So 10–17 Uhr
Eintritt 2 DM, 1 DM erm., Familienkarte 5 DM

Essen und Trinken

Einkehr am Kirchplatz
Kleines rustikales Restaurant in der Altstadt mit Speisen-Kalender, zum Beispiel Lamm-Essen zu Ostern und Spanferkel zu Pfingsten.
Kirchplatz 1
Tel. 0 35 01/52 80 99
Mo–Sa 11.30–14 und 17.30–23 Uhr
Mittlere Preisklasse

Ristorante Ramazotti
Italienisches Restaurant für gehobene Ansprüche, zusätzlich mit Eis-Café und Pizzeria. Idyllisch in der historischen Altstadt gelegen. Sehr geschmackvolle Dekoration.
Schmiedestr. 16
Tel. 0 35 01/52 88 35
Tgl. 9–24 Uhr
Mittlere Preisklasse

Schloßschänke
Auf dem Schloßberg mit wunderschönem Blick auf das Dächermeer der Altstadt, zur Marienkirche und zum Rathaus. Sächsische Küche. Im Sommer schöner Biergarten.
Schloßhof 4
Tel. 0 35 01/75 64 56
Mittlere Preisklasse

Weißes Roß
In dem Haus am Rande der Altstadt übernachtete am 25. April 1813 Johann Wolfgang von Goethe auf der Fahrt nach Marienbad. Abwechslungsreiche Hausmannskost, lecker und preiswert.
Königsteiner Str. 3
Tel. 0 35 01/44 74 09
Untere Preisklasse

Einkaufen

galerie großmann
In dem altstädtischen Eckgeschäft werden Kunstdrucke, Gemälde und Grafiken mit Motiven der Region verkauft.
Schmiedestr. 1
Di–Fr 11–18 Uhr, Sa 10–12 Uhr

Service

Auskunft

Fremdenverkehrsbüro
Dohnaische Str. 31
01796 Pina
Tel. 0 35 01/52 84 97, Fax 55 62 66

Ausflugsziele

Barockgarten Großsedlitz ■ D3

Weshalb Nymphen sich in einen Lorbeer- oder einen Schilfbusch verwandeln und die schöne Aphrodite eifersüchtig ist, sind Fragen, deren Antworten man wohl nachlesen müßte. Die künstlerisch hochwertigen Sandsteinskulpturen in den Hainbuchennischen und vor den Heckenwänden des Barockgartens oberhalb von Heidenau stellen solche sagenhaften Szenen aus der antiken Mythologie dar. Von den einst insgesamt 360 Skulpturen sind heute noch 42 erhalten. Sie sind zum Großteil Originale und stammen aus der Permoserschule.

Die beiden Sphinxe mit ihren kessen Gesichtszügen am Bowlinggreen schuf vermutlich Johann Christian Kirchner. Ein Meisterwerk barocker Treppenarchitektur ist die berühmte Stille Musik (1726) von Matthäus Daniel Pöppelmann. Harmonisch geschwungene Balustraden, auf denen Putten »musizieren«, rahmen die Treppenaufgänge ein. Oberhalb stehen Jupiter mit dem Adler und Juno.

Der **Schloßpark Großsedlitz**, die wohl eigenwilligste Schöpfung der sächsischen Gartenkunst, entstand zwischen 1723 und 1732 in Anlehnung an italienische und Wiener Vorbilder. Die für einen Barockgarten typische Mittelachse mit Schloß ist allerdings nicht zu entdecken. Die asymmetrische Komposition mit zwei **Orangerien** und dem **Friedrichschlößchen** schufen der Zwingerbaumeister Matthäus Daniel Pöppelmann, der Architekt Zacharias Longuelune und deren Schüler Johann Christoph Knöffel. Außergewöhnlich sind auch die bedeutenden Höhenunterschiede innerhalb der Anlage. Die Terrassen bilden eine ausgezeichnete Kulisse für Sommerkonzerte. Auch ein »Steinernes Meer«, ein Naturtheater und ein sogenannter Langschieben (Freiluftkegelbahn)

Bedeutende barocke Parkanlage: der Lustgarten August des Starken in Großsedlitz

sind vorhanden. Die Blumenrabatten entsprechen der historischen Bepflanzung.

August der Starke wollte einen repräsentativen Festplatz für die jährlichen Prunkfeste der Träger des Polnischen Weißen Adlerordens schaffen. 1723 kaufte der König das Gelände von seinem einstigen Vertrauten, dem sächsischen Minister August Christoph von Wackerbarth. Da die finanziellen Mittel schließlich fehlten, blieb die Anlage unvollendet.

Parkstr. 85
01809 Heidenau
April–Sept. tgl. 7–20 Uhr,
Okt.–März tgl. 8–18 Uhr
Führungen ca. 1 Stunde
Eintritt 4 DM, 3 DM erm.

Dohna ■ D3

Die alte Burggrafenstadt Dohna liegt am Eingang zum **Müglitztal**. Als Kirchort 1270 erstmalig erwähnt, hat die Altstadt auf dem **Taschenberg** bis heute ihren bäuerlich-bürgerlichen Charakter bewahrt. Verwinkelte Gassen und der **Marktplatz** mit der **Marienkirche** prägen den mittelalterlichen Stadtkern. Vom **Burgberg** mit den Resten der Burganlage und dem **Rundturm**, wo von 1152 bis 1402 die Donins über die Burggrafschaft Dohna herrschten, hat man eine schöne Aussicht auf die Umgebung. Leider nicht zu übersehen: einige nicht so anheimelnde Chemiebetriebe.

Museum

Heimatmuseum
Burg- und Stadtgeschichte, Geologie, Sonderausstellungen.
Am Markt 2
Di 14–18, Mi und Do 14–16, Sa und So 14–17 Uhr
Eintritt 2 DM, 1 DM erm., Familienkarte 6 DM

Lohengrinhaus in Graupa ■ D2

Als der Dresdner Hofkapellmeister und Dichter-Komponist Richard Wagner diesen Ort im Jahre 1846 als Ziel für die Sommerfrische wählte, war das damalige Groß-Graupe ein weltabgeschiedenes Dörfchen mit gerade mal 20 Bauernhäusern. Am Rande des Dorfes am Fuße des **Borsberges**, im ehemaligen **Schäferschen Bauerngut**, mietete er zusammen mit seiner Frau Minna und dem Hund Peps zwei Zimmer im zweiten Stock und verbrachte hier einen unbeschwerten Urlaub. »Ich laufe, liege im Walde, lese, esse und trinke und suche das Musikmachen gänzlich zu vergessen«, so schrieb Richard Wagner an den Berliner Publizisten Karl Baillard. Der Schreibtisch, der ihn stets begleitete, steht heute in Bayreuth. Inspiriert von der »unentweihten« Gegend, entstand in Wagner die Musik zu seinem Werk »Lohengrin«, die er hier in allen drei Aufzügen grob skizzierte. Wagner selbst bezeichnete dieses Werk als »romantische Oper«. Sage, Wunder und Zauberei gehen darin ineinander über.

Der Schwan – das Wappentier Graupas – schwimmt sinnreich auf dem Dorfteich vor dem ehemaligen Rittergut. In den Grünanlagen steht die von Prof. Richard Guhr geschaffene **Wagner-Stele aus Bronze** (1933). Eine 300- bis 400jährige Eiche überragt den **Schloßpark**. In Begleitung des Konzertmeisters Lipinski traf in Graupa Hans von Bülow erstmalig mit Wagner zusammen.

Museum

Richard-Wagner-Museum
Es befindet sich im Lohengrinhaus und ist – neben dem in Bayreuth – das einzige Wagner-Museum in Deutschland. Es zeigt die Geschichte der Oper »Lohengrin« und des Dresdner Lebens- und Schaffensabschnitts Wagners, das letzte Bildnis Wagners und Originalhandschriften. Außerdem historische Musikinstrumente, Notenskizzen, zeitgenössische Theaterzettel, Programmhefte, Bühnendarstellungen, Erinnerungsstücke der Sammlung Gaßmeyer aus Wagners Pariser Zeit sowie Dokumente über das Wirken von Wagners Freund August Röckel.
Richard-Wagner-Str. 6
01827 Graupa
Di–So 9–16 Uhr

Hotels/Essen und Trinken

Gasthaus »Hohe Brücken«
Im Graupaer Ortsteil Bonnewitz befindet sich ein geschützter slawischer Rundling, der zum Teil den Gasthof »Hohe Brücken« beherbergt. Sein Name verweist auf die kulturhistorischen »Hohen Brücken«, die im 18. Jh. in der nahe gelegenen Dunklen Waldschlucht unter der Leitung des Grafen Marcolini und seines Architekten Christian Friedrich Exner zur Erleichterung der kurfürstlichen Jagdausflüge errichtet wurden.
01827 Bonnewitz
Tel. 0 35 01/4 82 18
11 Zimmer
Untere Preisklasse

Schloß Pillnitz ■ D 2

Bezaubernd ist der Blick von der mit alten Kastanienbäumen gesäumten sächsischen Weinstraße zur **Weinbergkirche** in den Rebhängen am Rande des verträumten Dörfchens Pillnitz.

Hier steht eines der schönsten Barockschlösser Deutschlands. August der Starke schenkte es seiner Lieblingsmätresse, der Gräfin

In Richard Wagners einstiger Sommerfrische ist heute ein Museum eingerichtet

Cosel, als Sommerresidenz. Nachdem er sie verstoßen hatte, ließ er ein Lustschloß im asiatischen Stil bauen.

Der Hang zum Exotischen führte zu einer phantasievollen Symbiose aus sächsischem Barock und fernöstlicher Kultur. Matthäus Daniel Pöppelmann errichtete 1721 das pagodische **Wasserpalais**, dessen Spiegelbild in der Elbe dem Baumeister Zacharias Longuelune als Anregung für die harmonische Symmetrie des Bergpalais gedient haben mag.

Etwa 100 Jahre später schuf Christian Friedrich Schuricht anstelle des 1818 abgebrannten Renaissance-Schlosses das klassizistische **Neue Palais** mit dem Uhrenturm und erweiterte die beiden Hauptgebäude.

Dahinter befindet sich der **Fliederhof**. Die 28 ha große Parkanlage mit dem **Englischen** und dem **Chinesischen Pavillon**, in dem der Besucher die Pillnitzer Teezeremonie erleben kann, ist eine Frühlingssymphonie aller bedeutender Gartenstile. Auch einige dendrologische Kostbarkeiten gedeihen bei dem milden Weinbauklima gut. Von März bis Mai entfaltet die älteste **japanische Kamelie** Europas ihre zauberhafte Pracht. 10 000 bis 15 000 karminrote Blüten schmücken den heute 8,5 m hohen Baum, der einen Kronendurchmesser von 12,5 m hat. Die Kamelienpflanze verdankt ihren Namen dem Mönch Camellus. Er entdeckte sie 1639 auf den Philippinen. 1739 wurde sie in Europa eingeführt. Die Pillnitzer Kamelie kam etwa 1780 aus dem Royal Botanic Gardens Kew nach Sachsen. Hofgärtner Johann Heinrich Seidel hatte sie gepflanzt. Am alten, ehrwürdigen Holz kann man ihre etwa 250 Jahre erahnen. Im Januar 1905 brannte das Kamelienhaus nieder. Bei minus 20° C verwandelte das Löschwasser die Pflanze zu einem Eisberg, aber bereits im Frühjahr trieb sie erneut. Das Gewächshaus steht auf Schienen und kann im Sommer zur Seite gerollt werden. Neben der Kamelie

TopTen 7

Schloß Pillnitz ist Schauplatz vieler kultureller Veranstaltungen

gedeiht ein alter Ginkgobaum. Im aromareichen Koniferenhain wächst ein Urwelt-Mammutbaum, der im Winter seine Nadeln abwirft. Das mittlerweile rekonstruierte **Palmenhaus** entstand Mitte des 19. Jh. als größtes seiner Art in Europa. Auch die **Orangerie** mit ihrer tropischen Flora erinnert an ferne Inseln. Die Parkanlage ist jederzeit geöffnet.

Museum

Museum für Kunsthandwerk im Berg- und Wasserpalais
Meisterleistungen des Kunsthandwerks vom Mittelalter bis zur Gegenwart (Musikinstrumente, Möbel, Gläser, Zinn, Metallarbeiten, Fayencen, Steinzeug und Steingut sowie Textilien).
Mai–Okt. Di–So 9.30–17.30 Uhr
Eintritt 3 DM, 1,50 DM erm.

Essen und Trinken

Einkehr am Palmenhaus
Hübsches (Garten)restaurant am Schloßpark. Von hier aus ist auch die Kamelie zu sehen. Gutbürgerliche Hausmannskost. Besonders empfehlenswert sind die sächsischen Quarkkeulchen.
Orangeriestr. 5
Tel. 03 51/2 61 01 88
oder 3 98 55
Tgl. ab 11.30
Mittlere Preisklasse

Weinbergschänke
Renommiertes, traditionsreiches Restaurant mit stilvollem Ambiente. Sächsische Kochkunst und internationale Spezialitäten für den Gourmet. Weinverkostungen, Kaminzimmer und Gartenterrasse.
Am Rathaus 2
Tel. 03 51/2 61 88 05
oder 01 72/3 67 70 72
Mo–Fr 12–24, Sa/So 11–24 Uhr
Mittlere bis Obere Preisklasse

Der Besondere Tip

Schloß Weesenstein Das Schloß an der Müglitz gilt mit seinem Pferdestall im oberen Stockwerk als architektonisches Kuriosum. Auf einem hohen Felssporn im 16. Jh. erbaut, bot das enge Plateau kaum Platz für Anbauten. Überall gibt es Phantastisches zu sehen! Allein das wappengeschmückte Eingangsportal zählt zu den kostbarsten Werken der Renaissance in Sachsen. Zu den Personen, die es durchschritten, zählte auch König Johann (1801–1873), der Dantes »Göttliche Komödie« ins Deutsche übersetzte. Die barocke Farbigkeit der Außenfassade des Schlosses mit seiner illusionistischen Gestaltung wurde schrittweise rekonstruiert.
Tgl. 9–17 Uhr ■ D 3

Das kuriose Schloß Weesenstein ist von einem Barockgarten umgeben

Die Bastei und der Lilienstein – Paradestücke der Sächsischen Schweiz – besitzen magische Ausstrahlung. Auch der Hohnsteiner Kasper ist weltberühmt.

Die Vordere Sächsische Schweiz ist bei Touristen sehr beliebt. Rundfunk und Fernsehen schenken ihr große Aufmerksamkeit! Orte wie Rathen und Wehlen wirken im Gegensatz zu den Umgebindedörfern der Hinteren Sächsischen Schweiz gediegen. Ihre bürgerlichen Villen, die von großzügigen Gärten umgeben sind und mit ihrer mondänen Architektur die Elbhänge zieren, locken vor allem jene Gäste an, die lieber flanieren als wandern oder gar klettern. Dabei ist das pittoreske Felsengebiet um die Bastei ein Paradies für Bergsteiger! Die Ortschaften der Vorderen Sächsischen Schweiz liegen weitgehend abseits vom lärmenden Autoverkehr. Nur die Eisenbahn rattert seelenvoll durch das Elbtal. Aber auch jene, die gerne Landluft mögen, werden nicht enttäuscht. Dorf Wehlen oder Lohmen sind ideal für einen Urlaub auf dem Bauernhof, während Hohnstein mit seinem Polenztal eher wildromantisch ist. Der Lilienstein mit dem rapsgelben Panorama im Juni ist von sanfthügeligen Wiesen umgeben.

Zu jeder Jahreszeit reizvoll: der Blick vom Lilienstein auf das Elbtal

Hohnstein

■ G 2

Auf der kehrenreichen Bergstraße, die sich zu der pittoresken Kleinstadt hinaufwindet, wurden in den zwanziger Jahren Autorennen veranstaltet. Die Strecke gilt als äußerst unfallträchtig, deshalb sollte man es bei der Vorstellung, daß hier einst »Oldtimer« entlangsausten, belassen. Die Stadt mit ihrem fachwerkdurchwobenen Weiß und dem ziegelroten Dächergewirr baut sich hoch über dem Polenztal im Halbrund an einem schroffen Felssporn auf, gekrönt von der fliederumwucherten Adelsburg. Dabei überwindet sie mit ihren steilen Gassen einen Höhenunterschied von über 70 Metern. Diese Steigung (alte Trassenführung: 1:44) wurde den napoleonischen Truppen 1813 zum Verhängnis. Die Handwerkersiedlung mit der Innung der Leineweber entstand in Anlehnung an die ehemalige Grenzfeste (13. Jahrhundert), die gleichsam auch die Berührungslinie des jahrmillionenalten Elbsandsteins mit dem Lausitzer Granit kennzeichnet. Diese verläuft quer über den Marktplatz, ja sogar mitten durch die Kirche. Tektonische Bewegungen verursachen immer wieder feine Risse an den Bauten. International bekannt wurde das Städtchen durch seine Puppenspieltradition und die größte Jugendherberge Deutschlands, die ihre Räume in den Burggemächern hat. Die mittelalterliche Idylle verliert sich in dem Wildbachtal der Polenz. Die Schlucht zwischen Hohnstein und Porschdorf hat den Namen Canyon verdient! Ein alter Holzfällerfuhrweg verläuft zwischen 100 Meter hohen Steilwänden.

Hohnstein liegt am Übergang zwischen Sächsischer Schweiz und Lausitz

Hotel

Am hohen Stein
Im Stadtkern von Hohnstein gelegen, gemütliche Altstadtatmosphäre.
In dem dazugehörigen rustikalen Restaurant mit wunderschönem Kachelofen wird deutsche Hausmannskost serviert.
Marktgasse 1
Tel. 03 59 75/8 09 95
19 Zimmer
Mittlere Preisklasse

Spaziergang

Obwohl der Ortskern von Hohnstein keine geschlossene Bebauung aufweist, wirkt er formschön in sich gewachsen. Fachwerkhäuser aus dem 18. und 19. Jh. prägen das Bild am **Burgberg**. Die Hauptstraße (sogenannte Nadelöhr) ist so schmal, daß der Gegenverkehr durch einen Spiegel angezeigt werden muß. Das älteste Gebäude der Stadt ist das **Rathaus**, das 1688 im Fachwerkstil mit Dachreiter und hofseitigem Laubengang erbaut wurde. Neben einer **Brauerei**, in deren Gewölben sich heute der **Ratskeller** befindet, wurde hier im Jahre 1835 die erste Korkfabrik Deutschlands errichtet. Das **Stadtwappen** am steinernen Portal zeigt einen Hund mit einem dreiblättrigen Kleeblatt. Hohnstein war früher Ausgangspunkt für Treibjagden in den wildreichen Wäldern und das Lachsstechen in der Polenz. Die gelbgetünchte **Stadtkirche** unterhalb des steilen Marktplatzes wurde nach einem Stadtbrand unter der Leitung des Ratszimmermeisters Georg Bähr in Anlehnung an die Dresdner Frauenkirche als barocker Zentralbau aufgebaut. Den Altar schuf 1736 Johann Christian Kirchner. Altar, Kanzel und Orgel sind übereinander angeordnet. Auch der Taufstein liegt auf der Altarlinie, was typisch ist für Bähr. Die Orgel stammt aus der Kirche von Stöntzsch (Borna), einem kleinen Ort bei Leipzig, der in den sechziger Jahren dem Braunkohletagebau zum Opfer fiel.

Das anmutige Fachwerkhaus der alten **Oberförsterei** ist über 250 Jahre alt. Es entging dem Brand von 1724 und wird seit 1928 als **Apotheke** genutzt. Am Markt 2 (Teestube) befindet sich das Geburtshaus von Christoph Gottlieb Schröter (1699–1782), der im Alter von 18 Jahren das Hammerklavier erfand, jedoch damit nicht berühmt wurde. Es konnte bisher nicht bewiesen werden, daß sich andere seiner Erfindung bemächtigten. Möglicherweise wurde das Pianoforte zweimal erfunden.

Unter Denkmalschutz steht auch das schindelgedeckte ehemalige **Puppenspielhaus** in der Nähe des Busbahnhofes, das man an seinem Türmchen und dem **Hohnsteiner Kasper** als Wetterfahne erkennt. Der Handpuppenspieler Max Jacob verhalf dem Hohnsteiner Puppenspiel im eigens dazu eingerichteten Haus zu Weltruhm. Von 1957 bis zu seinem Tode 1967 war er Präsident der Weltorganisation der Puppenspieler. Zu dieser Zeit lebte er in Hamburg. Auf der Weltausstellung in Paris 1937, bei der »Olympiade der europäischen Puppenspieler«, errangen die Hohnsteiner die Goldmedaille. Das Hohnsteiner Puppentheater bestand bis zum Krieg, es gab zwei Bühnen. Die **Jugendburg Hohnstein** war sein kulturelles Zentrum, bis die SA im Jahre 1933 die Burg besetzte. Seit 1986 wird alljährlich im Mai das Hohnsteiner Puppenspielfest veranstaltet.

An der Burg beginnt der Naturlehrpfad Hohnstein (2–4 Stunden), ein Rundweg mit 56 Informationstafeln.

Sehenswertes

Burg Hohnstein

Die stolze Feste auf hohem Felsen liegt 140 m über der Polenz und blieb als einzige der rechtselbischen Burgen der Sächsischen Schweiz erhalten. 1926 wurde sie **Jugendburg**. Sie bietet rund 1000 Jugendlichen eine Ferienunterkunft. Das böhmische Adelsgeschlecht, die Bergen von der Duba, waren einst die Burgherren. Sie schützten die Handelsstraßen und die Grenzen zur Mark Meißen, bis sie infolge des Übergangs von der Natural- zur Geldwirtschaft verarmten und zu Raubrittern wurden. Danach wechselte die Burg mehrmals den Besitzer durch Tausch, Schenkung oder Verkauf. Nach 1543 war sie in dauerndem Besitz der Wettiner, blieb jedoch noch bis 1806 formell böhmisches Lehen. Im 16. Jh. wurde sie Sitz sächsischer Verwaltungs- und Gerichtsbehörden. Auch diente sie als Staatsgefängnis und Jagdschloß. Gleich am Eingang befindet sich eine **Gedenkstätte** für die 140 Hitlergegner, die hier 1933 bis 1934 den Greueltaten der SA zum Opfer fielen. Die Burg Hohnstein war eines der ersten deutschen Konzentrationslager. Seit 1951 ist sie wieder Jugendherberge. Die heutige Bausubstanz mit dem markanten sechseckigen Treppenturm im unteren Burghof stammt aus dem 16. bis 19. Jh. Die St.-Anna-Kapelle wurde 1952 abgetragen.

Der **Bärengarten** am Schindergraben wurde 1609 auf Weisung von Kurfürst Christian II. angelegt. Die untere Sperrmauer mit einem Gittertor zur Entnahme der Tiere, die man für Bärenhetzen am Dresdner Hof mißbrauchte, ist erhalten. Die Burg umgibt ein herrliches Bergpanorama mit den wildzerklüfteten Felsen des Polenztales.

Museum

Naturkundemuseum und Historisches Museum

Geschichte der Burg Hohnstein und naturwissenschaftliche Lehrschau auf der Burg.
März–Okt. tgl. 9–17 Uhr
Eintritt 2 DM, erm. 1 DM

Essen und Trinken

Ratskeller

Die alten Gewölbe aus Sandstein verleihen der Gaststätte eine ritterliche Romantik. Gutbürgerliche Küche.
Rathausstr. 10
Tel. 03 59 75/3 31
Mittlere Preisklasse

Tee- und Kräuterstube am Markt

Im Geburtshaus von Christoph Gottlieb Schröter, dem Erfinder des Hammerklaviers. Internationales Teeprogramm mit ausgefallenen Teesorten und allen möglichen Kräutern. Köstliche sächsische Eierschecke! Geschenkideen.
Pechhüttenweg 1
Tel. 03 59 75/8 00 36
Di–Sa 11–19 Uhr, So 14–18 Uhr

Einkaufen

Arnold's Bergsportladen

Kletter- und Paddelausrüstungen, Kletterkurse, Paddelboottouren auf der Elbe
Obere Str. 35

Kasperpuppenwerkstatt

Die original Hohnsteiner Handspielpuppen bekommen Sie am Ortsausgang Richtung Waitzdorf in der Siedlung mit den Gewächshäusern (→ Der Besondere Tip, S. 26).
Wolfgang Berger
Sachsenberg 6a

Am Abend

Im Rathaus finden in loser Folge Konzerte, Lesungen und Liederabende statt.

Service

Auskunft

Gästeamt Hohnstein
Rathausstr. 10
01848 Hohnstein
Tel. 03 59 75/8 12 50, Fax 8 12 51

Ausflugsziele

Gautschgrotte ■ G 3

Der Hohnsteiner Rundweg ist einer der schönsten Wanderpfade der Sächsischen Schweiz. Am Ratskeller vorbei führt er durch eine zauberhafte Felsenwelt um die Burg herum. Von halber Höhe ist die phantastische Lage des Ortes besonders gut zu sehen. Die Gautschgrotte in einer Seitenschlucht des Polenztals darf aufgrund zunehmender Felssturzgefahr nur im Sommerhalbjahr betreten werden. Majestätisch formt ein etwa 40 m breites Felsengewölbe die Grotte, in der sich aus dem herabrieselnden Wasser in kalten Wintern eine bis zu 18 m hohe Eissäule bildet. Sie ist ähnlich den Stalagmiten und Stalaktiten in Tropfsteinhöhlen selten schön geformt.

Napoleonschanze ■ G 3

Die Erdgeschützstellung aus der Zeit der Napoleonischen Kriege kann man vorbei am Kasperpuppenhaus auf dem grünen Wanderpfad erreichen. Sie diente 1813 der militärischen Sicherung der Kaiserstraße, die von der Festung Königstein zur Burg Stolpen führte. Im Frühjahr sind die Felder rundherum derart dicht mit Löwenzahnblüten übersät, daß sich die gesamte Umgebung in eine »Rhapsodie in Gelb« verwandelt. Und die Tafelberge setzen sich fotogen ins Bild.

Stilles Flußtal mit besonderer Flora: das Polenztal

Polenztal ■ G 2/G 3

An der Wartenbergstraße befindet sich ein Aufschluß der Lausitzer Störung, auch Überschiebung genannt, der zu einem wissenschaftlichen Meinungsstreit über die Entstehung der Gesteine führte. Auf der Höhe erreicht man den **Hockstein**, der gegenüber dem Hohnsteiner Burgfelsen 114 m hoch über dem Polenztal aufragt. Im Mittelalter war er befestigt und diente als vorgelagerte Wehranlage. Die **Teufelsbrücke**, die 1821 aus Sandstein errichtet wurde, ist wie die Basteibrücke ein Kulturdenkmal aus der Zeit der Erschließung der Sächsischen Schweiz. Bemerkenswert ist das in den Fels gehauene **Mühlenspiel** an der vorderen Aussichtskanzel des Hocksteins. Durch ein Felsentor steigt man steil hinunter in den **Kohllichtgrund**. Ganz in der Nähe bietet die **Pension »Zum Polenztal«** Erholung in himmlischer Ruhe. Bis hierhin reicht das U-förmige Trogtal der Polenz. Hinter der Burgstadt beginnt das weite Kerbtal (V-förmig) mit den sanftgeschwungenen Hängen im Granitgebiet. Vorbei an ehemaligen Sägewerken, gelangt man zu den **Märzenbecherwiesen** in der Nähe der **Bockmühle**. Sie sind im zeitigen Frühjahr, wenn das Eis auf der wasserreichen Polenz noch nicht geschmolzen ist, mit weißen Tupfen übersät. Es handelt sich um das größte Wildvorkommen an Märzenbechern in Sachsen. Sie blühen aber auch in den Gärten der umliegenden Dörfer recht üppig.

Den **Brand** (330 m), den **»Balkon der Sächsischen Schweiz«**, erreicht man über die 3 km lange Brandstraße. Autos dürfen die himmlische Ruhe nicht stören. Infolge eines Waldbrands konnte man von hier oben zu Zeiten der Romantiker auch den Großen Winterberg sehen. Das **Blockhaus** stammt aus dem Jahre 1856. Auch heute noch ist die Rund- und Weitsicht überwältigend (Relieftafel)! Vom Aussichtspunkt gegenüber der **Berggaststätte »Die Hafersäcke«** sehen die Klettergipfel wie zugebundene Säcke aus. Die Steilwände fallen hier bis zu 140 m ab. In den schluchtartigen **Tiefen Grund** zwischen dem **Brand** und den **Waitzdorfer Wänden** steigt man auf den 762 Brandstufen hinab. Wer Schwitzbäder liebt, kann von dort unten gleich wieder ebenso jäh empor auf die **Waitzdorfer Höhe** »schniefen«. Eine »exotische« Überraschung sind die hier angesiedelten schottischen Galloway-Rinder. Waitzdorf, ein kleiner Ort mit gerade einmal 58 Einwohnern, liegt als einzige Siedlung in der Kernzone des Nationalparks (→ Routen und Touren, S. 115).

Hotels/Essen und Trinken

Hotel Brand
Der Panorama- und Berggasthof mit einzigartigem Rundblick liegt in göttlicher Ruhe hoch über der Felsenwelt des Polenztals. Zufahrt nur für Hotelgäste gestattet. Speisen: z. B. Hammelbraten, sächsische Rinderbrust mit Meerrettichsauce, Eintöpfe.
Brandstr. 8
Tel. 03 59 75/86 00
19 Zimmer
Mittlere Preisklasse

Gasthof Rußigmühle
Rustikales, sehr gepflegtes Restaurant mit Holzbalkendecke, am Polenztalweg gelegen. Terrassencafé und Biergarten. Gutbürgerliche Küche.
Polenztal 4
Tel. und Fax 03 59 75/8 16 95
Mittlere Preisklasse

Rathen

■ G3

Wenn man mit der alten, vom Elbstrom getriebenen Seilfähre (4 bis 1 Uhr), die Oberrathen mit Niederrathen verbindet, in der Dämmerung von einer Uferseite zur anderen gleitet und das Mondlicht silbern auf dem Fluß glänzt, dann erfüllt wunderbare Ruhe den Ort. Dämonisch erheben sich die dunkelgrauen Felsenriesen der Bastei über den von Lichtern durchbrochenen Flußnebeln.

Mit Beginn der Dampfschiffahrt 1837 entwickelte sich das kleine Dorf der Fischer, Schiffer und Steinbrecher am Fuße der weltberühmten Felsformation zu einem beliebten Ferienziel. Trotz des weltläufigen Jubels und Trubels überwiegt das wildromantische Flair, zumal der Ort für Autos gesperrt ist. Über den Sommerhäuschen, die sich an den Hang schmiegen, liegt die mittelalterliche Burgruine **Altrathen**. Sie ist vermutlich jünger als die Felsenburg **Neurathen** (13. Jahrhundert) und gehörte zu deren ausgedehnten Anlagen.

Der stufenreiche Basteiweg beginnt am Komfort-Gasthof »Amselschlößchen« und führt steile 200 Höhenmeter hinauf in den Rathener Felsenzirkus. Markant tritt oben der »Mönch« mit seiner blechernen Wetterfahne und der Aushöhlung Mönchsloch (vermutlich ein Vorposten der Felsenburg) hervor. Eine zierliche Rundbogenbrücke aus Sandstein schwingt sich über den Mündungstrichter des Grünbaches. Am Ende der stimmungsvollen Uferpromenade steht neben weiteren Gasthäusern das neuerbaute und exklusive Hotel »Elbschlößchen«.

Auf der Terrasse des Hotels »Erbgericht« sitzt man gemütlich mit Elbblick

Hotels und andere Unterkünfte

In Rathen besteht eine große Auswahl an Pensionen, Hotels und Ferienhäusern. Wer das Zugrattern lieber aus der Ferne vernimmt, der wird das rechtselbische Niederrathen mit seiner wildzerklüfteten Felsenwelt bevorzugen. Wer sich hingegen den Frontalblick auf die Bastei nicht entgehen lassen will oder der eher lieblichen Landschaft im Struppener Elbbogen den Vorzug gibt, dem sei Oberrathen mit seinen prächtigen Villen am Elbhang empfohlen.

Pension und Gaststätte »Basteiblick«
Die Häuser der Pension – »Rosengarten«, »Strandblick« und »Belvedere« – liegen an der Uferpromenade. Alle Zimmer haben Elbblick. Umfangreiches leckeres Speisenangebot. Der sächsische Sauerbraten mit Rosinensauce ist ganz besonders zu empfehlen. Im Winter »Schlemmerwochen«!
01824 Kurort Rathen B, 25 b
Tel. 03 50 24/7 02 32 oder 7 06 26, Fax 7 06 27
21 Zimmer
Mittlere bis Obere Preisklasse

Hotel Erbgericht
Das sehr freundlich geführte Hotel mit gehobener Ausstattung liegt romantisch – direkt an der Fährstation. Schöner Blick auf die Bastei! Auch in dem hoteleigenen Swimmingpool und in der Sauna findet man angenehme Erholung. Restaurant, Biergarten, Weinstube.
Niederrathen Nr. 5
Tel. 03 50 24/7 04 54 oder 7 04 44, Fax 7 04 27
44 Zimmer
Obere Preisklasse

Essen und Trinken

Zum Bahnhof
Restaurant und Hotel am Rathener Bahnhof mit Gartenterrasse. Für romantische Seelen, die sich gern dem Fernweh an Bahnhöfen hingeben. Während man die gutbürgerliche Küche genießt, geht die Schranke auf und zu, und die internationalen Züge fahren vorbei.
Tel. 03 50 21/6 85 24
Untere bis Mittlere Preisklasse

Service

Auskunft

Gästeamt Kurort Rathen
Niederrathen Nr. 17 B
01824 Kurort Rathen
Tel. 03 50 24/7 04 22

Haus des Gastes
Von Mai–Okt. jeweils mittwochs kulturelle Veranstaltungen (Informationen in dem Veranstaltungsplan).

Kindergarten Kurort Rathen
Betreuung für Urlaubskinder.

Ausflugsziele

Bastei ■ G 3

TopTen 2

Auf dem Bastei-Rundweg gelangt man zu einem der spektakulärsten natürlichen Aussichtspunkte Europas – der **Basteikanzel**. Der Blick hinunter auf die große Elbschleife aus 192 m Höhe ist schlichtweg faszinierend! Von hier oben gleicht alles einer Modellbauanlage – Züge, Dörfer und Schiffe sind winzig klein! Die Raddampfer schaufeln stumm das Wasser, ziehen ihre gischtige Spur lang hinter sich her. Nah im Blickfeld trutzen der Lilienstein und die Struppener

Tafelberge. Auch die anderen Berge ragen wie Inselriffe aus dem Feldermeer. Die Sicht reicht bis nach Böhmen. Der **Felsengarten** der Bastei schwingt in einem unentwirrbaren Auf und Ab über der Elbe, er ist trotz der Menschenmassen eine Augenweide. In der unseligen Hochsaison findet man in dem Getummel auf der Kanzel kaum Platz. Nur in den Morgen- oder Abendstunden kann man noch die Stimmung der Romantiker aus dem 18. Jh. nachempfinden. Zwischen turmhohen Felsgebilden mit lyrisch-bildhaften Namen überschreitet man ehrfürchtig Abgründe, an deren Kletterwänden und bizarren Gesteinsformen knorrige Kiefern wachsen. Die populäre **Basteibrücke** verbindet das Massiv mit der Felsenburg Neurathen. In 165 m Höhe über dem Elbspiegel überspannt sie mit ihren sieben Sandsteinbögen die tiefe Schlucht der **Mardertelle**. Vom **Ferdinandstein** aus kann man den Anblick geradezu verinnerlichen. Die 76,5 m lange Brücke ersetzte 1851 die Holzbrücke von 1826 und ist als technisches Baudenkmal geschützt. Auf der **Großen Steinschleuder**, dem massigen Felsklotz neben dem Bauwerk, soll im Mittelalter ein ebensolches Wurfgerät gestanden haben. Die Befestigungsanlagen der **Neurathener Felsenburg** (13.–14. Jh.) wurden im selben Jahr wie die Burg Altrathen (1469) zerstört. Am **Neurathener Felsentor**, dem westlichen Zugang zur Burg, beginnt in »schwe-

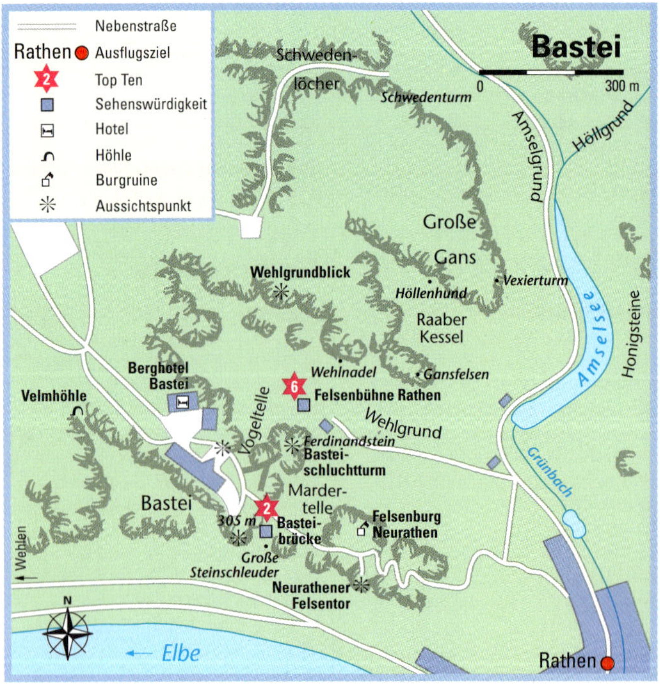

bender« Höhe der 1984 rekonstruierte Wehrgang. Die großen Steinkugeln am Tor dienten im Mittelalter zu ihrer Verteidigung.

Felsengemächer, Reste von Hausbauten, Falzen und Stufen sowie die Zisterne im Burghof sind Zeugnisse der Berken von der Duba, die hier ihre vorderste Grenzfeste gegen Sachsen hatten. Eingemeißelte Kreuze in den Felsen deuten auf religiöse Traditionen hin. Ganz unten im tiefen Wehlgrund ist die **Felsenbühne Rathen** (die schönste Naturbühne Europas!) zu sehen. Eingebunden in die Landschaftsmagie kann man dort die Romantik von Carl Maria von Webers »Freischütz« hautnah erleben. Der Künstler ließ sich von der Umgebung zu seiner berühmten Wolfsschluchtszene anregen. Man könnte glauben, er hätte die Oper für diese Bühne geschaffen. Auch Winnetou, die berühmteste Romanfigur des großen Sachsen Karl May, wirkt nirgends so echt wie in der Sächsischen Schweiz. Neben Bühnenfassungen der Karl-May-Romane und anderen Werken für jung und alt gehören Opern zum ständigen Repertoire. Die Felsen der zauberhaft beleuchteten Wehlturmkulisse sorgen für eine gute Akustik. Wenn das Orchester die Musik ausklingen läßt, setzen leise die Vögel, die Grillen und der Wind ein...

Im Amselgrund steigt man über 700 Stufen durch die finstere Schlucht der Schwedenlöcher hinab. Dorthin sollen sich im Mittelalter die Bewohner der umliegenden Orte vor den schwedischen Heerscharen geflüchtet haben. Am Amselfall befindet sich die **Infostelle des Nationalparks**. Mit Hilfe eines Drahtseils hinter seiner Theke läßt der Wirt der »Amselbaude« ab und zu mal urplötzlich das oberhalb gesammelte Wasser herabdonnern. Ein Regenbogen entsteht freilich nicht, aber alle haben ihren Spaß. Am 600 m langen **Amselsee**, der 1934 durch Aufstau des Grünbaches entstand, kann man die eindrucksvolle Felsenwelt vom Boot aus genießen. Das Areal nördlich der Honigsteine wurde zum Totalreservat erklärt.

Hotel/Essen und Trinken

Berghotel Bastei
Komforthotel in ruhiger Lage mit herrlichem Fernblick, inmitten der zerklüfteten Felsenlandschaft der Bastei gelegen. Panorama-Restaurant, Elbbalkon, Kaminzimmer, Klause, Biergarten, Café, Bar, Bowlingbahnen, Sauna, Solarium, Tagungsmöglichkeiten.
01847 Bastei
Tel. 03 50 24/7 04 06/6 74,
Fax 7 04 81
64 Zimmer
Obere Preisklasse

Museum

Nationalpark-Infostelle
Originelle und anschauliche Informationen über die Entstehungsgeschichte, Fauna und Flora der Sächsischen Schweiz.
Im Amselgrund zwischen Rathen und Rathewalde
Mai–Sept. 10–17, April und Okt. 10–16 Uhr

Am Abend

Felsenbühne Rathen
Man erreicht das Theater vom Ort Rathen aus zu Fuß in etwa 20 Minuten.
Theaterkasse
01824 Kurort Rathen
Tel. und Fax 03 50 24/7 04 96

Karten für die Felsenbühne gibt es auch bei:
Landesbühnen Sachsen
Meißner Str. 152
01445 Radebeul
Tel. 0351/8 95 40
Mai–Sept. außer Mo 15 und 20 Uhr
Eintritt 6–35 DM (Eintritt wird erstattet, wenn die Vorstellung wegen Regens ausfällt)

Kleiner Elbbogen ■ G 3

Fernab von jeglichem Rummel und doch mittendrin liegen die Ortschaften im kleinen Elbbogen. Der **Lilienstein** ist der einzige Tafelberg auf dieser Elbseite – und was für einer! Fast jeder zweite Gastgeber wirbt mit einem »schönen Blick« auf den malerischen Sandsteinklotz, ist doch sein anmutiger Name allein schon ein Slogan! Das alte Rittergutsdorf **Prossen**, das an der nahe gelegenen Elbfurt entstand (bróda=Furt), liegt ihm in sonniger Lage zu Füßen. Außer vielleicht ein paar summenden Bienen scheint dort nichts die verschlafene Idylle zu stören. Mit dörflichem Charme präsentieren sich auch **Waltersdorf** und **Porschdorf**. Vom Ortsteil **Höhe** der Sommerfrische **Rathmannsdorf** hat man einen tollen Rundblick, während sich im Tal die **Polenz** und die **Sebnitz** zum **Lachsbach** »vermählen«. Im Mittelalter fischte man daraus manchen »Festschmaus«! Heute bietet man täglich »frische Räucherforelle direkt aus dem Wasser«.

Essen und Trinken

Gaststätte »Erbgericht«
Rustikales, gepflegtes Haus mit großem Kachelofen, geschmackvollem Ambiente und abwechslungsreichem Speiseangebot. Leckere sächsisch-bayrische Hausmannskost (Wildschweingulasch, Kartoffelsuppe, Quarkkäulchen).
Üppige Portionen.
01814 Porschdorf, Haus Nr. 31
Tel. 03 50 22/4 20 57
Mittlere Preisklasse

Der Besondere Tip

Lilienstein Gemeinsam mit dem **Königstein** überwacht der Lilienstein die Geschehnisse in der großen Elbschleife. Vom Dampfer aus kann man diesen formschönen Riesen (415 m hoch und etwa 500 m lang), der als Musterbeispiel der Tafelberge gilt, von drei Seiten bestaunen. Fichten, Birken, Buchen und Ebereschen wachsen auf seinem zerklüfteten Plateau, auf dem 2000 Jahre alte Keramikscherben und die Reste einer mittelalterlichen Burg (»Ylgenstein«) entdeckt wurden. Hier befand sich die »Coburg« von Königstein. Berggaststätte »Fels Lilienstein«, Mai–Okt. Mo 10–16 Uhr, Mi–So 10–17 Uhr ■ G 3

Eine Landschaft für Romantiker: die Bastei

Wehlen

■ F3

In geschützter Elbtallage bietet das liebevoll bezeichnete »Wehlstädtel« idyllische Ursprünglichkeit. Durch den restaurierten **Torbogen**, den ein Lobgesang auf den Ort (»...Du bist für mich alt, doch stets wieder neu...«) schmückt, erreicht man den kleinen **Marktplatz** mit Kirche und Rathaus. Sie werden von dem **Schloßberg** mit seinen umfangreichen Mauerresten aus dem 13. Jahrhundert überragt.

An der Elbe stehen neben anderen Cafés und Gasthäusern das Strandhotel und die Villa Cosel, die durch die beliebte 13teilige ZDF-Serie »Elbflorenz« bekannt wurden. Nicht von ungefähr wählte man Wehlen als Drehort! Im Film hieß es »Tzschochwitz« und wies mit seiner Elblage Parallelen zur Gegend am Rhein auf. Das Strandhotel taucht im Vorspann jeder Folge auf. Bekannte Schauspieler übernachteten hier. Einige Statistenrollen wurden in der Serie mit Einheimischen besetzt.

Ein Hauch von Exotik umgibt die Terrassen des Pflanzengartens, der im Frühjahr vis-à-vis des Burgberges seinen Wohlgeruch verströmt. Viele Pflanzen brachten Bergsteiger von ihren Touren durch das Elbsandsteingebirge mit. Oberhalb des Städtchens am Elbkilometer 26 liegt **Dorf Wehlen**, ein typisches Reihendorf mit stattlichen Drei- und Vierseithöfen und schönem Ausblick auf das anmutige »Wehlstädtel« im Tal. Ganz in der Nähe – in den **Weißen Brüchen** – wird seit 1985 wieder Sandstein abgebaut, der auch zum Wiederaufbau der Dresdner Frauenkirche verwendet wird.

Der Kurort Wehlen ist umgeben von Wald und Weiden

Hotels/Essen und Trinken

Haus Burgblick
Geschmackvoll eingerichtete, renovierte Pension in einem alten Bauernhaus mit Bundeskegelbahn und Pizzeria. Die Zimmer sind mit farbenfrohen Bauernmöbeln ausgestattet.
Lohmener Str. 2
Tel. 03 50 24/7 10 77, Fax 7 10 78
10 Zimmer
Untere Preisklasse

Strandhotel
Auf den kuriosen Namen taufte es ein russischer Offizier. Von seiner bewegten Geschichte (»Hotel Deutsches Reich«, Entbindungsheim, Flüchtlingslager, FDGB-Bettenburg) merkt man nichts mehr. Die Besitzer zauberten aus dem 1972 verstaatlichten und bis zur HO-Imbiß-Gaststätte herabgewirtschafteten Haus ein »Elbschlößchen«. Besonders schön sind die Türmchenzimmer.
Markt 9
Tel. 03 50 24/7 04 24
30 Zimmer
Obere Preisklasse bis Luxusklasse

Villa Maria
Stilvoll renovierte, im Jahre 1888 erbaute Villa mit Türmchen am Südhang der Elbe mit gehobener Ausstattung, großzügiger Gartenanlage, Terrasse, Pool und Liegewiese. Herrlicher Blick über das Elbtal und das Elbsandsteingebirge. Es sollte rechtzeitig reserviert werden. Geräumige Apartments mit Küche, Terrasse/Balkon, Bad/WC, TV.
Hofewiese 6
Tel. 03 51/2 61 88 05
5 Apartments
Mittlere Preisklasse

Museum

Heimatstube mit Pflanzengarten
Natur- und heimatkundliche Ausstellung. Besonders interessant ist der gläserne Bienenstock. Im Garten wachsen 800 Pflanzenarten der Flora des Elbsandsteingebirges.
Mai–Okt. tgl. 8–18 Uhr

Service

Auskunft

Gästeamt der Stadtverwaltung Stadt Wehlen
Markt 5
01829 Stadt Wehlen
Tel. 03 50 24/7 04 14, Fax 7 04 34

Ausflugsziele

In die Wehlener Gründe ■ F3

Zu dem Labyrinth der Gründe zwischen Wehlen und Rathen zählen u. a. das Trockental des **Wehlgrunds**, der **Teufelsgrund** mit seinen Höhlen, der **Zscherregrund** mit seinen wundersamen Mooswänden und dem feinsandigen Boden und natürlich der fast schon mythische **Uttewalder Grund** (→ Der Besondere Tip, S. 62). Angesichts ihres sogenannten Kellerklimas sind diese schmalen Täler mit ihren senkrechten und scheinbar unbezwinglichen Felsmauern typische Beispiele für die Erosionstätigkeit des Wassers und für die Verwitterung des Sandsteins. Man fühlt sich dort wie in einer anderen Welt. Sanft legt sich die Feuchtigkeit auf die Haut. Am Morgen und gegen Abend trällern hier die Vögel Arien! Eine artenreiche, urwaldähnliche Pflanzenwelt hat sich hier herausgebildet. Farne entwachsen den Rissen der Steilwände, Flechten und Moose überziehen die feuchten Felsen, üppige Krautflora die Schluchtsohle. Während sich bis ins späte Frühjahr riesige Eiszapfengebilde an den schroffen Kanten halten, ist es in heißen Sommern meist angenehm kühl in den Gründen. Im Herbst entfaltet der Laubmischwald eine bunte Farbenpracht. Der Wanderweg von Wehlen durch die Gründe setzt sich bis zum **Steinernen Tisch** fort, der 1710 von Steinbrechern errichtet wurde. Inmitten von Laubwäldern hielt hier die königliche Familie ein fürstliches Picknick ab.

Lohmen ■ E 2

Der langgestreckte Ort Lohmen (Lom/slaw.= Steinbruch) gilt als älteste Eingangspforte zur Sächsischen Schweiz. In der Zeit der Romantiker sammelten sich am »Erbgericht« (→ S. 21) die Fremdenführer. Von hier aus eroberte man die wildzerklüftete Landschaft zu Fuß, in der Sänfte oder mit Tragetieren. Die zahlreichen Dreiseitgehöfte mit guterhaltener Umgebindearchitektur und das alte Rittergut auf einem Felssporn über der Wesenitz strahlen ländlichen Charme aus. Die typische Mundart der Lohmener Umgebung kann man in den Werken des einheimischen Schriftstellers Bruno Barthel (1885–1956) entdecken (»In die Bastei rim«). Pfarrer Carl Heinrich Nicolai (→ Lesetip, S. 10) war von 1757 bis 1823 an der Lohmener Kirche tätig. Berühmt wurde der Ort durch das im 16. Jh. gegründete Kammergut und die Zucht spanischer Merinoschafe. Im tief eingeschnittenen Sandsteintal, dem **Liebethaler Grund** an der Wesenitz, erhielt Richard Wagner manche Anregung für sein musikalisches Schaffen. Hinter der heute zerfallenen **Lochmühle**, in die Wagner oft einkehrte und im Garten komponierte, steht das monumentale **Wagner-Denkmal** aus Bronze von Professor Richard Guhr.

DER BESONDERE TIP

Uttewalder Grund Er ist das »Zuhause« der Romantiker, und es ist kein Wunder, daß die Naturschwärmer vor 150 Jahren hier zuerst die Sächsische Schweiz entdeckten. Das **Uttewalder Felsentor** in der Nähe der Gastwirtschaft »Waldidylle« malte auch Caspar David Friedrich. Es entstand infolge eines Felssturzes und ist derart eindrucksvoll, daß an dieser Stelle Carl Heinrich Nicolai (→ Lesetip, S. 10) zitiert sei: »In diesem engen Raum liegen drei Steinblöcke eingeklemmt, die durch einen Sturz von oben etwas über 3 Ellen von der Erde hängengeblieben sind. Diese bilden ein Tor, durch welches das Talwasser fließt…« ■ F 3

Schon vor 150 Jahren schwärmten die Romantiker vom Uttewalder Grund

Geheimnisvoll sind ihre Schluchten und Täler. Außer in Bad Schandau und im Kirnitzschtal hat der Massentourismus hier bisher nicht Einkehr gehalten.

Die Hintere Sächsische Schweiz umfaßt das große Wandergebiet zwischen Bad Schandau, Sebnitz und der tschechischen Grenze. Den meisten Reisenden ist es fremd. Es erscheint ihnen undurchdringlich, denn es liegt in fast mystischer Abgeschiedenheit im äußersten Grenzwinkel Deutschlands. Hier verlaufen nur wenige Straßen. Ergründen läßt es sich aber auf Schusters Rappen. Auch die Bauerndörfer am Rande des Felsengebiets verleihen der Region eine gewisse »Grobschlächtigkeit«. Die vornehmen Touristen kuren wohl lieber in Bad Schandau, vor allem im Ortsteil Ostrau, wo die Villen über der Elbe Exklusivität versprechen. Dabei garantiert die Schrammsteinkulisse herrliche Wandererlebnisse. Ansonsten klappert in dieser Landschaft die Mühle am rauschenden Bach. Besonders das Kirnitzschtal mit den vielen Gasthöfen – ehemaligen Sägewerken – ruft bei den Besuchern diese Assoziation hervor. Sie sind Ausgangspunkt für Wanderungen in den hinteren Teil des Nationalparks.

Die Hintere Sächsische Schweiz ist geheimnisumwoben, aber gut erschlossen

Bad Schandau

■ H4

Neben der Eisenbahnbrücke (1874–1876) aus Sandstein wurde 1977 eine Autobrücke eingeweiht, denn in dem bedeutenden Ferien- und Kurort pulsieren die zentralen Adern des Fremdenverkehrs in der Sächsischen Schweiz. Die wohlgeplante Regelmäßigkeit der mittelalterlichen Stadtanlage unterhalb des Schloßberges weist darauf hin, daß es Germanen waren, die Anfang des 14. Jahrhunderts den Handelsplatz auf einer Sandaue (Schwemmsand) am Zufluß der Kirnitzsch in die Elbe gründeten. Unter slawischem Einfluß wurde daraus Schandau – ein bedeutender Umschlagplatz des Elbhandels im 16. bis 18. Jahrhundert, bis sich schließlich aufgrund einer eisenhaltigen Quelle im Jahre 1920 das anerkannte Prädikat »Bad« hinzugesellen durfte. Ein Hotelier namens Rudolf Sendig erwarb sich dabei große Verdienste. Er verhalf dem Kneippkurort zu weitreichendem Ruf. Bereits 1799 entstand das erste Badehaus. In seiner Novelle »Die Reise nach Schandau« bezeichnet Theodor Körner den Ort als »Kraft- und Prachtplatz der Natur«. Den böhmischen Spitzenbädern wie Karls- oder Marienbad konnte man dennoch nicht den Rang ablaufen. Das wohlhabende Bürgertum begab sich meistens zur »Nachkur« nach Bad Schandau.

Die Ortschaften Postelwitz, Ostrau und Schmilka und auch das Kirnitzschtal sind rein administrativ betrachtet heute Stadtteile von Bad Schandau. Man kann sie mit der Straßenbahn, dem Bus oder dem Auto erreichen.

Die Kirnitzschtalbahn verkehrt bis zum Gasthof »Lichtenhainer Wasserfall«

Hotels und andere Unterkünfte

Die Concorde-Hotelbetriebsgesellschaft kaufte nach der Wende die großen Gästevillen des Ortes auf und richtete sie komfortabel ein. Dazu zählen **Lindenhof** (Tel. 03 50 22/ 48 90, Fax 4 89 12) mit zentraler Lage am Kurpark, **Park-Hotel** (Tel. 03 50 22/4 25 05) und **Elbterrasse** (Tel. 03 50 22/4 13 14) in Elblage. Sie bieten moderne Zimmer mit entsprechendem Komfort zu Mittel- bis Oberklassepreisen.

Elbhotel
Das Hotel an der Elbe mit großer Terrasse liegt nur wenige Schritte vom Markt entfernt und steht unter österreichischer Leitung. Neben der sächsischen Küche pflegt man die internationale (italienische und Südtiroler) Kochkunst.
An der Elbe 2
01814 Bad Schandau
Tel. 03 50 22/5 70, Fax 5 71 60
57 Zimmer
Obere Preisklasse

Spaziergang

Eine Fähre verbindet den Ort mit dem Grenzbahnhof. Hier bröckelt der Putz, aber hier rollt auch der Personen- und Güterverkehr nach Südosteuropa. Der Bahnhof spielte in der jüngsten deutschen Geschichte eine große Rolle. Im Jahre 1989 verließen hier (und auch in Schmilka) Tausende Menschen die DDR, um über Ungarn und die Tschechoslowakei die Freiheit zu erlangen. Der Eisenbahnzug mit »Botschaftsflüchtlingen« von Prag über Dresden in den westlichen Teil Deutschlands kam ebenfalls über Bad Schandau. Von der **Elbpromenade** sind es nur wenige Schritte durch die Königsteiner Straße, wo sich einst der Salzschank von 1751 und das Zollhaus befanden, zum **Markt**. An der Westseite des Platzes gegenüber der St.-Johannis-Kirche fällt eine reichverzierte Rundbogendurchfahrt ins Auge, die in den Hof des ehemaligen **Brau- und Gasthofes »Gambrinus«** (1680) mit einem achteckigen Treppenturm führt. Bemerkenswert sind die schönen Fachwerkhäuser in der **Marktstraße** wie zum Beispiel das sogenannte **Rote Haus**. Da im 19. Jh. fast alle Gasthausbesitzer in Bad Schandau Hering hießen, ließ damals der Besitzer dieses Gasthofes seine Fenster knallrot anstreichen, um sich von den anderen zu unterscheiden. Unweit davon steht in der Poststraße das ehemalige **Rathaus** (1863–1938) mit Sitznischenportal (derzeit unbewohnt). Das koggenähnliche Schiff im Stadtwappen weist auf die historische Bedeutung der Stadt als Umschlagplatz hin. An dem Haus **Poststraße 3** erinnert eine Gedenktafel an den Schöpfer bekannter Kinderlieder Carl Gottlieb Hering, den Begründer der deutschen Musikdidaktik (1766–1853). Von der mittelalterlichen **Geleitburg** auf dem **Schloßberg** sind nur noch Wallgraben, Zisterne und einige Mauerreste erhalten. Die künstliche Ruine wurde 1882 errichtet. Beim Endhaltepunkt der **Kirnitzschtalbahn** beginnt der Kurpark mit den noblen Thermalanlagen der **Kirnitzschtalklinik**.

Sehenswertes

Pflanzengarten
Der steile Garten am Ortsausgang an der Ostrauer Brücke verströmt besonders im Mai einen herrlichen Duft, wenn zahlreiche hochwüchsige Rhododendren in Blüte stehen. 1500 einheimische und ausländische Pflanzenarten sind mit erklärenden Täfelchen versehen.
Durchgehend geöffnet

St. Johannis-Kirche
Ihr Turmbau – das Wahrzeichen von Bad Schandau – ähnelt den »Kirchburgen« in Siebenbürgen. Kurz nach dem Stadtbrand von 1704 wurde die Kirche wiederaufgebaut (1705–1709). Ihr Innenraum mit der flachen Kassettendecke, den Emporen und Bänken sowie den bemalten Fenstern wurde 1876 bis 1877 völlig neu gestaltet. Die zwölf Hochwassermarken am Kirchenportal erinnern auch an das Jahr 1845, als die **Mosesfigur**, die den **Kanzelkorb** mit Jesus und den vier Evangelisten trägt, geradezu einer »Sintflut« preisgegeben war, denn das Wasser stand bis an die Brüstung. Die Kanzel wurde 1705 aus nur einem Sandsteinblock im Stil der Renaissance gefertigt. Der mit Halbedelsteinen und Marmor geschmückte **Renaissancealtar** (1574–1579) aus Sandstein – einer der ersten protestantischen Altäre in Sachsen – befand sich ursprünglich in der Dresdner Kreuzkirche. Von 1768 bis 1902 stand er in der Annenkirche.

Museum

Heimatmuseum
Geschichte der Stadt und der Elbschiffahrt, Natur- und Heimatkunde in anschaulicher Form.
Badallee 10–11
Ostern–Ende Okt. Di, Do, Fr 14–17, Sa 9.30–12.30 Uhr
Eintritt 2 DM, mit Kurkarte 1,50 DM, erm. 0,50 DM

Essen und Trinken

Die Concorde-Hotels bieten gemäß ihres »Gastronomischen Kalenders« zum Beispiel eine internationale Spezialitätenwoche, sächsische Speisen »direkt vom Bauernhof«, böhmische Küche oder Gaumenfreuden zur Spargelzeit an. Traditionelle Kneipen sind **Starkes Schifferstübel**, wo schon Hans Moser seinen »Heurigen« trank, oder **Koppraschs Bierstüb'l**, die älteste Schankwirtschaft Bad Schandaus, sowie die renovierte **Gaststube »Zum Roten Haus«**. Am Markt gibt es jetzt ein chine-

Das Heimatmuseum informiert auch über die heimische Flora

sisch-vietnamesisches Restaurant mit sehr schöner Bambuseinrichtung. In dem vielbesuchten **Eiscafé Stammler** werden auch kleinere warme Speisen serviert. Das neue **Café Schürz** ganz in der Nähe ist im Entstehen.

Einkaufen

Geschenke Stube
Im Fachwerkhaus mit der Gedenktafel für Carl Gottlieb Hering: erzgebirgische Volkskunst, Keramik, Kunstdrucke, Souvenirs.
Poststr. 3

Bergsportladen »Der Insider«
Marktstraße 4

Am Abend

Der monatliche Veranstaltungsplan liegt in der Kurverwaltung aus. In der Johanniskirche finden Orgelkonzerte statt.

Tanzveranstaltungen
Tanz- und Unterhaltungsprogramm in den Hotels »Lindenhof« und »Parkhotel«. Weitere Veranstaltungen laut Aushang.

Service

Auskunft

Bahnhofsfähre
Ab Bad Schandau 6.45–18.15 Uhr und ab Bahnhof 6.55–18.25 Uhr alle 30 Min.

Kurkonzerte
Ab Mai 14tägig, So 10 Uhr auf dem Konzertplatz

Kurverwaltung Bad Schandau
Markt 8
01812 Bad Schandau
Tel. 03 50 22/4 24 12, Fax 31 84
Mo–Fr 9–12, 13–18 Uhr,
Sa 9–12 Uhr

Linienfahrten auf der Elbe nach Schmilka
Mit der MS »Lilienstein«.
fünfmal tgl.

Der Besondere Tip

Schrammsteine Das Profil der Schrammsteine – ein maßloser Felsenwald zeitloser Schönheit – tritt in der Landschaft der Sächsischen Schweiz immer wieder markant hervor. In der Dämmerung verschmelzen ihre Konturen unwirklich zu einer scheinbar unbezwingbaren Bastille. Mit einer Ausdehnung von 12 qkm teilt sich das Kletter- und Wanderparadies in die Vorderen und Hinteren Schrammsteine, denen sich die Affensteine anschließen (Affe kommt von »Auf« = »Uhu«). Hier begegnet man Aussichtskanzeln mit herrlichen Fern- und Tiefblicken und einer eindrucksvollen Flora und Fauna. ■ H 4

Ausflugsziele

Großer Winterberg ■ I4

Mit 556 m Höhe ist er knapp der zweithöchste Berg der Sächsischen Schweiz. Für Autos ist die Zufahrt gesperrt. Oben erwartet den Ausflügler ein Aussichtspunkt von besonderem Rang. Das gesamte Gebiet der Schramm- und Affensteine liegt ihm zu Füßen. Der dort befindliche Gasthof (Tel. 01 72/3 57 00 73) wurde in den letzten Jahren renoviert und ist der höchstgelegene der Sächsischen Schweiz.

Ostrau ■ I3

Kohle wird da am Elbhang gewiß nicht gefördert. Das weithin sichtbare schmiedeeiserne **Türmchen** (1904) mit der »pagodischen« Haube gehört zur Anlage des **elektrischen Fahrstuhls**, der die Gäste mühelos zu den schmucken Holzvillen auf der **Ostrauer Scheibe** bringt. Er ist 50 m hoch und durch eine Brücke mit dem Waldweg verbunden, an dem sich ein kleines Tiergehege mit zwei Luchsen befindet. Irgendwie erinnert er an den Eiffelturm. Rudolf Sendig hatte ursprünglich einen phantastischen Weltsportplatz auf dem aussichtsreichen Plateau geplant. Die **Schweizer Villen** auf der Ostrauer Scheibe

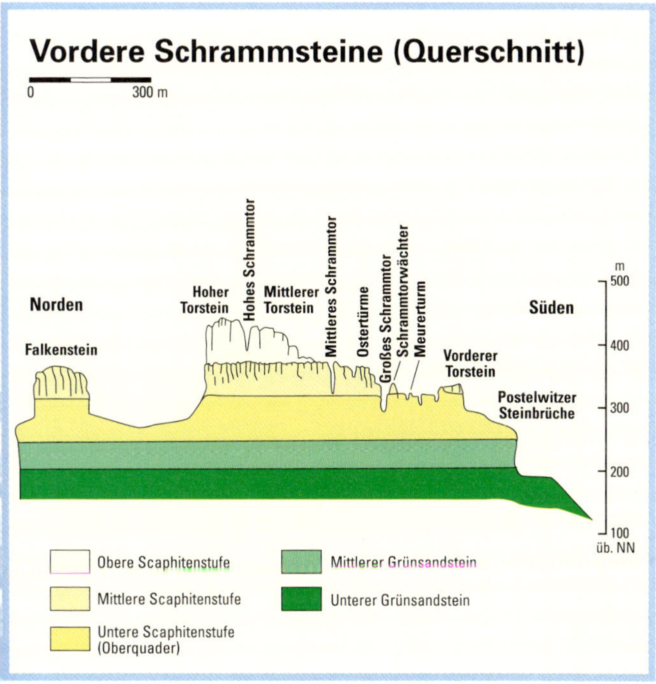

sind ein Augenschmaus für Holzhausliebhaber. Mit ihren verspielten Erkern, Türmchen und Veranden gleichen sie kleinen Elbschlößchen, warten allerdings noch auf ihre umfassende Renovierung. Von der Schrammsteinbaude an der Straße nach Ostrau steigt der Schrammsteinweg (blau) jäh empor. Oben trutzt der Riesenstumpf des **Falkensteins** hinter den Bäumen hervor. Auf den 80 m hohen Klotz führen 90 Kletterwege hinauf. Durch das **Schrammsteintor** tritt man ein in das Felsenreich mit seinen sandigen Pfaden. Auf der Wildwiese in den Schrammsteinen wurde 1991 der Nationalpark ausgerufen.

Hotel

Ostrauer Scheibe
Sehr komfortables Haus unter österreichischer Leitung mit Luxusausstattung. Sämtliche Ausstattungsgegenstände (Möbel, Teppiche, Gardinen) wurden aus natürlichen Rohstoffen hergestellt. Tanzbar. Tagungsmöglichkeiten. Österreichische Küche à la carte.
Alter Schulweg 12
01814 Bad-Schandau-Ostrau,
29 Zimmer
Tel. 03 50 22/48 80
Obere Preisklasse bis Luxusklasse

Service

Auskunft

Kurverwaltung Bad Schandau
Adresse → S. 68

Fahrzeiten des Aufzugs
Sommer Mo–Fr 7–20,
Sa–So 9–20 Uhr
Fahrpreis 2 DM, erm. 1 DM

Postelwitz und Schmilka ■ H 4/I 4

Die schiefergedeckten Fachwerk- und Umgebindehäuser aus dem 17./18. Jh. in Postelwitz sind ein entzückendes Ambiente für die rituelle **Schifferfastnacht** (→ S. 31, 32). Im Sommer rankt sich Weinlaub an den Laubengängen und Außentreppen empor, und bunte Blumen zieren die Fenster. Dicht an den Felshang auf dem schmalen Ufersaum drängen sich auch die **Sieben-Brüder-Häuser**, die ein Schiffseigener für seine Söhne bauen ließ. Den malerischen Reiz dieses langgestreckten Fachwerkensembles erkennt man aber erst vom Schiff aus. Postelwitz und Schmilka sind typische Dörfer ohne Land und ohne Bauern, wie sie seit jeher zum Bild des Elbtals gehören. Ihre Einwohner lebten vom Strom, sie waren Schiffer, Fährleute, Fischer, Flößer oder arme Steinbrecher. Zwischen Schmilka und Postelwitz liegen die ehemaligen **Postelwitzer Steinbrüche**. Mit dem qualitativ hochwertigen Stein wurden zum Beispiel die Hofkirche und die Frauenkirche in Dresden erbaut.

Hotels

Pension Waldfrieden
Villa im Stil der Jahrhundertwende. Schöne Lage mit großem Garten und Sonnenwiesen an der Elbe. Einfache Ausstattung. Zimmer zum Teil mit Balkon.
Schmilka Nr. 10
Tel. 03 50 22/4 20 52 oder 4 26 01
11 Zimmer
Untere Preisklasse

Verwitterte Felsentürme mit seltsamen Namen: die Schrammsteine

Vorderes Kirnitzschtal ■ I3

Ins Kirnitzschtal »bimmelt« man am einfachsten mit der Straßenbahn, die von Bad Schandau bis zum Lichtenhainer Wasserfall verkehrt (→ Routen und Touren, S. 108, Der Besondere Tip, S. 73). Die alten Mühlen an ihren Haltestellen wurden zu Gasthöfen umgebaut und sind Ausgangspunkte für Wanderungen in den hinteren Teil des Nationalparks, wie zum Beispiel zum Bergsteigerdenkmal »Hohe Liebe« und in die Affensteine. Vom Beuthenfall führt eine schöne Wandertour vorbei am Alten Wildenstein zum Vorderen Raubschloß, dem Frienstein (455 m), an dessen Ostseite sich die Ida-Grotte befindet. Von hier aus kann man den Kleinen Winterberg (500 m) ersteigen, wo auf einer Steintafel über ein dramatisches Jagdabenteuer von Kurfürst August im Jahre 1558 berichtet wird.

TOPTEN 4

Hotels/Essen und Trinken

Die Gasthöfe im Kirnitzschtal liegen alle reizvoll »am rauschenden Bach«. Hier erwartet den Wanderer in der Regel eine gutbürgerlich-sächsische Küche. Besonders günstiges Obdach für die Nacht bieten das **Alte Zeughaus** (Tel. 03 59 74/ 5 03 36) und der **Touristenboden** (Tel. 03 59 74/5 02 30) in der Kernzone des Nationalparks.

Berghotel am Zeughaus
Mitten im Grünen, in der Kernzone des Nationalparks absolut ruhig gelegen, da die Zufahrt vom Kirnitzschtal auf dem Zeughausweg für den allgemeinen Verkehr gesperrt ist.
Zeughausstr. 4
Tel. 03 59 74/5 02 38
17 Zimmer
Mittlere Preisklasse

Gasthof Lichtenhainer Wasserfall
Einer der schönsten Gasthöfe in der Sächsischen Schweiz mit gemütlicher Atmosphäre im Jagdhausstil –

Der »Kuhstall« bot den Bauern im Dreißigjährigen Krieg Zuflucht

an der Endstation der Kirnitzschtalbahn gelegen. Spezialitäten: in Wacholderspänen geräucherte Forelle, norwegische Fjordlachsforelle in Weißwein gedünstet, Pflaumenknödel für Kinder sowie Raritäten aus dem sächsischen Weinanbau.
Kirnitzschtalstr. 11
Tel. 03 59 71/5 37 33
12 Zimmer
Untere bis Mittlere Preisklasse

Mittelndorfer Mühle
Rustikaler Gasthof (3 km von Bad Schandau entfernt). Als besondere Attraktionen werden Spanferkelessen, frisch geräucherte Forelle oder Grillen am Holzkohlefeuer angeboten.
Kirnitzschtalstr. 4
Tel. 03 50 22/4 21 97
20 Zimmer
Untere bis Mittlere Preisklasse

Museum

Neumannsmühle
400 Jahre altes technisches Denkmal mit Holzschleifeinrichtung für die Papiererzeugung. Die Anlage mit horizontalem Sägeblatt, Raffineur, Schleifer, Entwässerungsmaschine und Sortierer entspricht dem Stand von 1870. Das Wasserrad hat einen Durchmesser von 4,6 m. Seit 1969 ist die Mühle Schauanlage. Die Besichtigung ist in den Sommermonaten möglich.

Einkaufen

Töpferei Hasse
Hier wird nach alter Tradition im Feuer gebrannt. Durch den Einfluß der offenen Flamme und die sich daraus ergebenden Temperaturunterschiede, die Ofenatmosphäre und den Ascheanflug entstehen Farb- und Oberflächeneffekte mit einer natürlichen Lebendigkeit.
Kirnitzschtal 3
Tgl. 9–19 Uhr

DER BESONDERE TIP

Vom Lichtenhainer Wasserfall zum Kuhstall Hinter dem Berggasthof ergießt sich der Lichtenhainer Bach über eine hohe Felsstufe. Mit der Stärke des Wasserschwalls war man um 1830 nicht zufrieden, wollte man sich doch gern mit der echten Schweiz messen. Kurzum verstärkte man das Rinnsal. Von hier aus wurden die wohlhabenden Reisenden in Sänften bis zum **Kuhstall** hinaufgetragen. In der klangvollen Durchbruchshöhle hatten die Bauern mitsamt ihrem Viehzeug im Dreißigjährigen Krieg Zuflucht gesucht. Die 94 Metallstufen auf der **»Himmelsleiter«** führen zum Felssporn des Raubschlosses **Neuer Wildenstein** mit einem fabelhaften **Affenstein-Panorama**. ■ 13

Sebnitz

■ I2/I3

Die erstmalige Erwähnung der 750jährigen Kleinstadt erfolgte in der Oberlausitzer Grenzurkunde von 1271. In einer Talsenke gelegen, eingerahmt vom saftigen Grün der lieblichen Berglandschaft, gehört sie geographisch gesehen bereits zur Oberlausitz. Bis ins 19. Jahrhundert war sie eine Ackerbau- und Leineweberstadt. 1790 gab es in Sebnitz über 1000 Webstühle. Nach dem Niedergang der Weberei in der Mitte des 19. Jahrhunderts ließen sich deutschböhmische Blumenmacher in der Stadt nieder. Mit 102 Firmen stand Sebnitz im Jahre 1912 an der absoluten Spitze der deutschen Kunstblumenindustrie. Sogar auf Modeschauen in Paris, London und Wien holte man sich Anregungen für die Gestaltung der Blumen. Eine Sebnitzer Firma besaß einen Rosengarten. Die Tradition lebt seit der Wende nur noch in einem Privatbetrieb und in einer Schauwerkstatt weiter. Die Stadt am Fuße des **Wachberges** profitiert vor allem vom Charme ihrer Umgebung. Die Urlauberdörfer im böhmischen Grenzwinkel sind ideale Ausgangspunkte für ausgedehnte Wanderungen. In wenigen Minuten erreicht man mit dem Auto das **Hintere Kirnitzschtal** und über die Panoramastraße das **Sebnitztal**. Im Naherholungsgebiet **Forellenschänke**, das sich in der Nähe des Grenzübergangs befindet, schwimmen die flinken Süßwasserfische in den Teichen bei dem gleichnamigen Restaurant. Außerdem gibt es einen Sportplatz, einen Trimm-Dich-Pfad und weitere unterhaltsame Attraktionen für die Gäste.

Zuschauer sind willkommen: die Kunstblumenschauwerkstatt

Hotels und andere Unterkünfte

Gasthof Sebnitztal
Das kleine Familienhotel ist an der Straße nach Hohnstein gelegen und wird äußerst engagiert und freundlich geführt. Hier hat man die Vegetarier nicht vergessen! Ambiente im altdeutschen Stil. Kellerbar.
Hohnsteiner Str. 11
Tel. 03 59 71/74 74, Fax 45 02
6 Zimmer
Mittlere Preisklasse

Sebnitzer Hof
Modernes und komfortables Stadthotel in zentraler Lage mit Restaurant, Café und Tagungsräumen. Internationale Küche.
Markt 13
Tel. und Fax 03 59 71/5 64 54
76 Zimmer
Obere Preisklasse

Sehenswertes

Kirche hl. Petrus und Paulus
Um die **Schmerzensmutter** (1450), die **Sebnitzer Madonna**, eine anmutige Schnitzplastik von einem unbekannten Künstler, ranken sich viele Legenden. Glaubhaft ist überliefert, daß böhmische Katholiken das wertvolle Holzschnitzwerk gegen den nahe gelegenen Thomaswald eintauschen wollten. Auf den 55 Feldern der **Holzemporen** sind biblische Geschichten dargestellt, wobei Motive aus der Sächsischen Schweiz als landschaftlicher Hintergrund dienen. Durch den Staub der Jahrhunderte sind leider auch die Farben der schönen **Renaissance-Kassettenholzdecke** verblaßt, die mit Wappen und Hauszeichen Sebnitzer Bürger bemalt ist (Hans Panitzsch, 1619) und schrittweise restauriert wird. In den ersten 20 Feldern ist das kursächsische Wappen erkennbar.

Kunstblumenschauwerkstatt
Schon in der Antike stellte man Kunstblumen und -früchte zu kultischen Zwecken und als Schmuck her. Junge Frauen aus Nordböhmen führten um 1835 dieses Kunsthandwerk in Sebnitz ein. Im **Haus des Gastes** kann man unter fachlicher Anleitung auch selbst mal »blimeln«. Früher wurden die Erzeugnisse auf Messen und Märkten feilgeboten und in viele Länder exportiert. Die ausschließlich in Handarbeit gefertigten Blumen hatten einst in der Welt den Ruf besonderer Exklusivität. Um 1900 bescherte ihnen die damalige Damenhutmode beste Zeiten. Noch 1990 arbeiteten 4000 Menschen in der »Kunstblume Sebnitz«, bevor sie aufgelöst wurde. Ihre Mitarbeiterinnen waren bis zu 80 Jahre alt.
Schillerstr. 3
Tgl. außer Mo 10–17 Uhr
Eintritt 2,50 DM, erm. 1,50 DM, Familienkarte 6 DM

Museum

Kunstblumen- und Heimatmuseum »Prof. Alfred Meiche«
Hier wird die Lebensweise der Sebnitzer Handwerker und Kunstblumenarbeiter gezeigt. Gleichzeitig sind Werke heimischer Volkskunst ausgestellt. Anschaulich ist der Kaufmannsladen. Gewürdigt werden lokale Persönlichkeiten wie der Historiker, Sprachforscher und Volkskundler Prof. Alfred Meiche (1870–1947, → Die Sächsische Schweiz von A bis Z, Literatur, S. 119), die Heimatmalerin Ilse Ohnesorge, der Maler und Grafiker Hanns Georgi und der durch Scherenschnitte bekannt gewordene Adolf Tannert.
Hertigswalder Str. 12
Di–So 10–17 Uhr
Eintritt 2,50 DM, Kinder, erm. 1,50 DM, Familienkarte 6 DM

Essen und Trinken

Chinarestaurant Kim Long
Stilvoll gestaltet. Reichhaltiges Speisenangebot.
Markt 10
Tel. 03 59 71/5 76 85 oder 5 76 86
Tgl. geöffnet, 15–17 Uhr geschl.
Mittlere Preisklasse

Museums-Café
Das Café im Heimatmuseum ist im historischen Stil von 1750 eingerichtet. Auch Mittags- und Abendtisch und Rucksackverpflegung für Bergsteiger und Wanderer werden angeboten. Seit der Restaurierung des alten Klaviers gibt es zur Kaffeezeit Live-Musik. Ausstellungen von Laienkünstlern. Gartenterrasse an der rauschenden Sebnitz.
Tel. 01 72/3 51 46 10
Tgl. 8–22 Uhr
Untere Preisklasse

Waldhaus
Einfacher Gasthof mit familiärer Atmosphäre und gutbürgerlicher Küche. Schmackhaftes Essen. Hier werden zum Beispiel Bio-Eier und frische Kartoffeln serviert.
Hertigswalde 131
Tel. 03 59 71/5 22 79
Untere Preisklasse

Einkaufen

Neldner Kunstgewerbe
Mit Hingabe geführtes Geschäft. Erzgebirgische Volkskunst, Plauener Spitzen, Kunstdrucke, Sommer- und Trachtenmode.
Schandauer Str. 19

Schauwerkstatt der Seidenblumenmanufaktur
Verkauf von Kunstblumenpräsenten (→ S. 23 und Der Besondere Tip, S. 23).

Am Abend

Musik in der Peter-und-Paul-Kirche
Musik der Klassik und Moderne mit deutschen und internationalen Solisten.
April–Sept. So 17 Uhr; 1–2mal monatlich

Service

Auskunft

Touristeninformation Sebnitz
Haus des Gastes
Schillerstr. 3
Tel. und Fax 03 59 71/5 74 96
Mo–Fr 10–18 Uhr, Sa 9–12 Uhr

Ein typisches Umgebindehaus in Hinterhermsdorf

Ausflugsziele

Böhmischer Grenzwinkel ■ K 3/L 3

Eingebettet in die granitene Wald- und Wiesenlandschaft der Lausitzer Ausläufer locken die Ferienorte **Ottendorf**, **Saupsdorf** und **Hinterhermsdorf** mit reiner Bergluft und unverfälschtem Charme. Früher lebten ihre Bewohner vom Reichtum der Wälder, sie waren Holzfäller, Flößer, Köhler, Pechsieder, Schindel-, Rechen- und Besenmacher. Bisher weitgehend unberührt vom Tourismus, haben sich die Orte ihren ländlichen Charakter bewahrt. Hier sieht man Frauen mit ihrer Katze auf dem Arm beim Dorfplausch, und am hellichten Tage äsen die Waldtiere unterhalb der Straßen und Wege. Man könnte meinen, die Zeit sei stehengeblieben. Die Ortsbilder beeindrucken mit ihrem malerischen Fachwerk und den guterhaltenen Umgebindehäusern. Hinterhermsdorf steht mit 60 historischen Häusern, die zum Teil aus dem 17. Jh. stammen, in seiner Gesamtheit unter Denkmalschutz.

Hotels und andere Unterkünfte

Am Wald
Das renovierte Hotel liegt zwischen den Ortschaften Saupsdorf und Hinterhermsdorf mitten im Wald und bietet geräumige, komfortable Zimmer. In dem großen Restaurant wird sächsische Küche serviert.
Hinteres Räumicht 18
01855 Saupsdorf
Tel. 03 59 74/5 04 04
9 Zimmer
Untere bis Mittlere Preisklasse

Tannenhof
Am Fuße des Wachberges, ruhige, idyllische Lage am Ortsrand von Saupsdorf in 460 m Höhe. Rustikal-bäuerliche Atmosphäre im Umgebindehaus. Kleiner Gastraum mit Terrasse.
Oberdorf 30
01855 Saupsdorf
Tel. 03 59 74/5 04 32
7 Zimmer und 2 Ferienwohnungen
Untere Preisklasse

Waldhof
In schöner Wald- und Wiesenlage bietet die kleine Pension vier geräumige und komfortable Ferienwohnungen sowie Zimmer.
Sportplatzweg 7
01855 Ottendorf
Tel. 01 72/3 51 36 45
Untere Preisklasse

Sehenswertes

Umgebindehäuser
Zu den interessantesten Erscheinungen alter Volksbauweisen gehören die für diese Landschaft typischen Umgebindehäuser, eine ästhetisch sehr reizvolle Kombination aus Block-, Fachwerk- und Steinbau. Besonders im Grenzbereich germanischer und slawischer Kultur hat die Symbiose unterschiedlicher Bautraditionen zu dieser kulturhistorisch bemerkenswerten Architektur geführt. Franken und Thüringer, die sich hier im Zuge der Ostkolonisation im 12. und 13. Jh. ansiedelten, erkannten die Vorteile der Blockbauweise der ansässigen Slawen und verbanden sie mit den Erfahrungen ihrer heimatlichen Fachwerkbauweise, zumal im 15. und 16. Jh. Verordnungen der Landesherren den Holzverbrauch wegen des steigenden Bedarfs im Bergbau einschränkten. Es entstand ein umgebindendes Holzgerüst aus Säulen und

Spannriegeln zur Aufnahme der Dachlast. Diese Bauweise kam auch der verbreiteten Handweberei entgegen, denn sie verminderte die Erschütterung des Hauses durch die Webstühle merklich. Umgebindehäuser sind vor allem in der Oberlausitz verbreitet. An den Giebeln sind sie sowohl mit Holz, Fachwerk als auch mit reichen Schiefermustern verziert.

Museen

Heimatstube in Hinterhermsdorf
Kleines interessantes Museum in einem Umgebindehaus über die Historie und das Leben in Hinterhermsdorf.
Waldarbeiterstube
Neudorfstr. 2

Schnitzkunstausstellung
In seiner Garage in Ottendorf hat der Hobbyholzbildhauer Johannes Kretzschmar seine sehenswerte Schnitzkunst ausgestellt (Di und Do 14–17 Uhr).

Essen und Trinken

Zum Kirnitzschtal
Rustikaler Gasthof mit gutbürgerlicher Küche.
Sebnitzer Str. 5
01855 Ottendorf
Tel. 03 59 71/5 45 04
Untere Preisklasse

Einkaufen

Töpferei Schädlich
In der Schauwerkstatt wird über die traditionelle Herstellung des Steinzeugs informiert.
Neudorfstr. 53
01855 Hinterhermsdorf

Service

Auskunft

Fremdenverkehrsverein Hintere Sächsische Schweiz
Schandauer Str. 2
01855 Hinterhermsdorf
Tel. 03 59 74/5 02 25

DER BESONDERE TIP

Wanderstiefel Kleine außergewöhnliche Gaststube in einem typischen Umgebindehaus aus dem 17. Jahrhundert mit echter Hausmannskost. Das sehr abwechslungsreiche Speisenangebot reicht von Schafskäsesalat und Lachsforelle bis zu urigen Eintöpfen und Großmutters Pflaumenkuchen. Ein besonderer Service für unterschiedlich große Mägen: Die Eintöpfe werden in drei verschiedenen Größen angeboten. Rustikal, volkstümlich mit Kaminofen. Preiswert! Einfach toll! Schandauer Str. 64, 01855 Hinterhermsdorf, Tel. 03 59 74/5 05 70, tgl. außer Do 11–21 Uhr (und bis die Gäste gegangen sind), Untere Preisklasse ■ L 3

Hinteres Kirnitzschtal ■ K3

Von dem alten historischen **Gasthof Buschmühle** geht's steil hinauf zum **Arnstein**, dem **Ottendorfer Raubschloß**, das einst auf dem 327 m hohen Felssockel die Landschaft überragte. 1437 erbeutete der böhmische Ritter Sigmund von Wartenberg eine stattliche Anzahl von Tieren in den linkselbischen Dörfern, worauf der sächsische Kurfürst im Bündnis mit dem Lausitzer Sechs-Städte-Bund die Burg belagerte. Bald fiel der Arnstein an Sachsen. Es gehört nicht viel Phantasie dazu, sich vorzustellen, wie die Wegelagerer und Landplacker ihre Beute hinauf in ihre Schlupfwinkel schleppten. Der felsspaltige Aufstieg ist nicht einfach! Oben am Sockel des einstigen Bergfrieds findet man 40 bis 80 cm große Felszeichnungen – Figuren und Gesichter, Balkenlager und eine 5 m tiefe Zisterne sind zu sehen. Der rotmarkierte Weg hoch über dem Kirnitzschtal führt zum **Kleinstein**. Ludwig Richter fertigte 1820 von der schroffen, den Gipfel spaltenden **Höhle**, die an einen gotischen Spitzbogen erinnert, eine Radierung an. Unwahrscheinlich schön ist auch hier der Panoramablick zu den **Affensteinen**.

Von der **Räumichtmühle** führt der grüne Pfad zum **Kleinen Pohlshorn**. Von dem 417 m hohen Berggipfel in unendlicher Ruhe überblickt man das Gebiet **Großer Zschand**. Der **Teichstein** mit seiner Bewaldung und den bewegten Felsformen sieht hier aus wie ein Löwenkopf mit Mähne. Aus der Ferne ragt der **Lilienstein** graziös hervor. Das Ganze kann man auf einem nadelduftenden, wurzelsehnigen Pfad heran«zoomen«, der heidelbeerenumwuchert zum **Großen Pohlshorn** führt. Auf einem schmalen Bergrücken schreitet man wie auf einem Teppich zu dessen Aussichtskanzel, von der aus rechts deutlich die gotische Höhle am **Kleinstein** zu sehen ist.

Märchenhaft: eine Bootsfahrt durch die Kirnitzschklamm

Neustadt ■ H 1/H 2

Die Stadt mit ihren 11 400 Einwohnern am Rande der Sächsischen Schweiz liegt zu Fuße des **Ungers** (538 m), der bereits Teil der Lausitzer Granitlandschaft ist. Oben gibt es ebenso wie auf der **Götzingerhöhe** und auf dem **Valtenberg** einen Berggasthof und einen Aussichtsturm. Um 1300 wurde der Ort von Freiberger Bergleuten im Zusammenhang mit der hier betriebenen Goldgräberei gegründet. Nach dem Krieg hatte sich der Landmaschinenbau entwickelt. Im hübsch herausgeputzten Zentrum ist vor allem das gelbleuchtende **Rathaus** mit seinem ungewöhnlich steilen Walmdach und dem zierlichen Dachreiter sehenswert. Auf der **Postdistanzsäule** von 1729 sind 64 Reiseziele genannt. **Wilhelm Leberecht Götzinger**, Pfarrer und Erschließer der Sächsischen Schweiz, war in Neustadt zu Hause. Er starb 1818. In der Nähe der Kirche befindet sich sein Grab.

Hotel/Essen und Trinken

Parkhotel Neustadt
Komforthotel in ruhiger Ortskernlage am Rande des Stadtparks. Ganz in der Nähe: Erlebnisbad »Monte Mare«, Kegelbahn, Tennisplätze und eine Tanzbar. Sonnenterrasse im Haus. Sächsische Küche.
J.-S.-Bach-Str. 20
Tel. 0 35 96/56 20, Fax 56 25 00
52 Zimmer
Mittlere bis Obere Preisklasse

Museum

Heimatstube im Ortsteil Polenz
Wer die Heimatstube in einem alten Umgebindehaus besichtigen will, der sollte nach Herrn Teuber (Tel. 0 35 96/50 22 94) im Dorf fragen. Er ist der Vater des Gedankens, der zu dieser Sammlung führte. Eine interessante Reise in den historischen Alltag!
Polenztalstr. 78
08144 Neustadt/Polzenz

Der Sächsische-Schweiz-Pionier W. L. Götzinger war Pfarrer in Neustadt

Service

Auskunft

Fremdenverkehrsbüro
Markt 24
01844 Neustadt
Tel. und Fax 035 96/22 40

Freizeitbad »Monte Mare«
(→ S. 30)

Die Panoramastraße

■ H 3/I 2

Der kürzeste Weg von Sebnitz nach Bad Schandau verläuft auf dem Höhenrücken zwischen den Flußtälern der Sebnitz und der Kirnitzsch. Zum Teil deckt er sich mit der Streckenführung der mittelalterlichen **Hohen Straße**, einem Handelsweg, der bis nach Böhmen reichte. Auf der **Altendorfer Höhe** überrascht den Reisenden ein besonders schönes Panorama. Zur Linken reihen sich die Schrammsteine deutlich zu einer Kette auf, und in der Ferne kann man die Tafelberge am Horizont bewundern. Bei Sonnenuntergang glaubt man sich fast nach Arizona versetzt. Die Landwirtschaft ist der vorherrschende Erwerbszweig in der bäuerlichen Gemeinde **Lichtenhain**, die in über 300 m Höhe an dieser Straße liegt.

Hotel/Essen und Trinken

Landgasthaus Heiterer Blick
Der Gasthof ist seit 1909 in Familienbesitz und betreibt eine eigene Metzgerei. Panoramaterrasse mit herrlicher Aussicht.
Sebnitzer Str. 20
01855 Altendorf
Tel. 03 50 22/4 27 14
6 Zimmer
Untere Preisklasse

Sebnitztal

■ H 3

Am Bahnhof des 500 Jahre alten **Ulbersdorf** mit seinem farbenprächtigen **Gutsschloß** beginnt die Wanderung zum **Goßdorfer Raubnest**. An den Uferhängen der dahinrauschenden Sebnitz schlängelt sich der Pfad auf und ab, wechselt über kleine Brücken von einem Ufer zum anderen, durchläuft gräserduftende Auen. Bei der 1985 durch Blitzschlag zerstörten **Buttermilchmühle** (nur noch als Erdhügel vorhanden) zweigt das **Schwarzbachtal** ab. Anfang des Frühjahrs wachsen dort Tausende von Himmelschlüsselchen. Ein Zickzackpfad schwingt sich am sagenumwobenen **Schwarzberg** hinauf zu den romantischen Mauerresten des mittelalterlichen **Goßdorfer Raubschlosses**, das eigentlich nur der Volksmund als Räubernest deutet. Außerdem wurde dort 1858 von der Ulbersdorfer Gutsherrschaft eine **künstliche Ruine** erbaut. Durch den Berg führt der Tunnel der ehemaligen Schmalspurbahn von der Kohlmühle nach Hohnstein. Sie war bis 1951 in Betrieb. Im **Ochelgrund** säumen steile Felsenwände das Flußtal, bis sich die Sebnitz mit der Polenz zum **Lachsbach** vereint. Den Rückweg kann man mit einer erlebnisreichen Eisenbahnfahrt abkürzen. Die in Anlehnung an den österreichischen Alpenpaß benannte **Sächsische Semmeringbahn** tutet seit 1877 durch sieben Tunnel, über zwei Viadukte und über 27 größere und 41 kleinere Brücken von Bad Schandau durchs Tal über Sebnitz nach Neustadt. Auf diesem Abschnitt überwindet sie auf 50 Metern eine durchschnittliche Steigung von einem Meter.

Hotel/Essen und Trinken

Landgasthof Zum Schwarzbachtal
Abseits vom Massentourismus. Stilvoll eingerichtetes Bauernhaus, helle Räume mit viel Holz, antike Möbelstücke. Eigener Kräutergarten. Sehr gute gutbürgerliche Küche. Kochkurse.
01855 Hohnstein – Ortsteil Lohsdorf
Tel. 03 59 75/8 03 45
5 Zimmer
Mittlere Preisklasse

Tanzplan (Tanečnice) ■ K 3

Mit einem Hauch von Wehmut glaubt man sich in eine andere Zeit zurückversetzt, wenn man über den Grenzübergang in Sebnitz durch die böhmischen Dörfer **Vilémov** und **Mikulášovice** kutschiert. Der **Tanzplan (Tanečnice)** in 597 m Höhe befindet sich bereits auf tschechischem Gebiet, wo auf dem Lande die Uhren nicht so schnell wie in Deutschland ticken. Von seinem 26 m hohen Turm hat man einen schönen Rundblick. In der rustikalen Baude kann am Wochenende bei böhmischer Blasmusik getanzt werden. Über den Grenzübergang **Forellenschänke** kann man zum Tanzplan wandern.

Wachberg ■ K 3

Das deutsche Pendant zum Tanzplan, den Wachberg, erreicht man von Sebnitz auf einem der schönsten Wanderpfade der Sächsischen Schweiz, dem Prof.-Alfred-Meiche-Weg. Er ist mit 496 m die höchste Erhebung des Thomaswaldes. Oben wartet die Berggaststätte »Wachbergbaude«, ein gutbürgerlicher Gasthof (Tel. 03 5974/5 03 30, 6 Zimmer, Untere Preisklasse), und eine herrliche Rundumsicht. Man kann auch mit dem Auto von Saupsdorf hinauffahren.

DER BESONDERE TIP

Kirnitzschflößersteig Am Ende des historischen Wegs – etwa 22 km von Bad Schandau entfernt – ließ der sächsische Kurfürst 1567 den Gebirgsbach aufstauen. An der **Oberen Schleuse** polterte die Flutwelle der Kirnitzsch samt dem mitführenden Holz ins Tal. Die 700 m lange **Kirnitzschklamm** ist ein zauberhafter See in einer tiefen Schlucht, der sich an wundersamen Felsengebilden und zwischen 200- bis 300jährigen Tannen und Fichten entlangzieht. Der Bootsmann stakt vorbei an der sagenumwobenen **Liebesinsel** bis zum Hermannseck. Dabei erzählt er den Besuchern von seltsamen Steinen wie dem »Elefanten« mit der Mooshaut (1. Mai– 15. Okt. tgl. 8–17 Uhr). ■ L 4

Im glutroten Samt der Sonne gleicht diese Landschaft der indianischen Weite in Arizona und Utah. Die sächsischen Tafelberge sind einzigartig in Europa.

Warum denn in die Ferne schweifen, wenn das Gute so nah liegt? Die Tafelberg-Silhouette auf der linken Elbseite ruft bei den meisten Reisenden unvermutet diese Frage hervor. Tatsächlich wundert man sich in der Sächsischen Schweiz zuweilen, daß die Karl-May-Filme nicht in der Heimat des ehrwürdigen Sachsen gedreht wurden. Die Kolosse im Elbsandsteingebirge besitzen in ihren Formen jedenfalls verblüffende Ähnlichkeit mit den ockerfarbenen Monolithen des Monument Valley in den USA. Sogar entstehungsgeschichtliche Parallelen sind mit dem »Tal der Monumente« nachweisbar. Allerdings hat die Landschaft hier im Gegensatz zum »Wilden Westen« einen lieblicheren Charakter, obwohl sie von den Steinhünen dramatisch durchbrochen wird. Dies gilt auch im Vergleich zu den Felsen und Schluchten auf der rechten Elbseite. Das Gebiet der »Steine« ist leichter zu überschauen und besitzt seinen eigenen Charme. Die Dresdner Romantiker schenkten ihm relativ wenig Aufmerksamkeit.

Weithin sichtbar thront Feste Königstein hoch über dem gleichnamigen Ort

Gohrisch

■ G4

Der Höhenluftkurort zu Füßen des Tafelberges Gohrisch leitet seinen Namen vom altslawischen Wort »Gora« (Berg) ab. Er liegt auf einer wettergeschützten Hochebene und ist umgeben von ebenso idyllisch grünen Dörfern wie Cunnersdorf, Papstdorf, Kleinhennersdorf und Pfaffendorf, die alle ihren eigenen »Stein« besitzen. Für die älteste Sommerfrische der Sächsischen Schweiz spricht das sonnenreiche, milde Klima. Von den hartnäckigen Elbnebeln im Frühjahr und Herbst bleibt der Ort weitgehend verschont.

Der königliche Kammermusiker **Arno Karbisius** war im Jahre 1864 der erste Sommergast in Gohrisch. Das Anwesen Nr. 170, das ihn beherbergte, und auch das Fachwerkhaus Nr. 111 mit Bogenportal und Schlußstein (1799) stehen unter Denkmalschutz. Im Juli 1960 schuf **Dimitri Schostakowitsch** in Gohrisch sein 8. Streichquartett c-Moll, op. 110. Er wohnte im damaligen »Gästeheim des Ministerrats der DDR«. Heute prägen die Villen der Jahrhundertwende mit ihren weitläufigen Gärten sowie Pensionen, Landhäuser und Hotels das Bild des waldreichen Ferienorts. Einen Ortskern mit der üblichen Geschäftigkeit sucht man fast vergeblich. Gohrisch, das gerade einmal 900 Einwohner zählt, vermittelt ganz unweigerlich den Eindruck, daß man hier nichts anderes als sehr ruhigen Urlaub machen kann. Ein Kinderkurheim und das erste Mutter-Kind-Kurhaus der Evangelisch-Lutherischen Landeskirche Sachsens e.V. bieten Heilung in reiner, erquickender Landluft.

Im Park- und Sporthotel Margaretenhof kann man sich richtig verwöhnen lassen

Hotel

Park- und Sporthotel Margaretenhof
Ruhige und sonnige Lage am Ortsrand. Komfortables Hotel mit Sauna und Solarium in einer rustikalen bürgerlichen Villa. Panoramaterrasse, Kaminzimmer, Kegelbahn, Tagungs- und Seminarräume, Garten mit Wiese. Leckeres Speisenangebot.
Pfaffendorfer Str. 89
Tel. 03 50 21/6 81 54 und 6 81 56
Fax 6 83 16
32 Zimmer
Mittlere bis Obere Preisklasse

Service

Auskunft

Fremdenverkehrsamt Gohrisch
Kurort Gohrisch
Neue Hauptstr. 116 b
01824 Gohrisch
Tel. und Fax 03 50 21/6 80 48/6 80 49

Ausflugsziele

Cunnersdorf und Umgebung ■ G 4

In dem langgestreckten Waldhufendorf Cunnersdorf mit seinen Fachwerk- und Umgebindehäuschen gibt es auch einige große alte Bauernhöfe. Der **Friesenhof** (einst Sitz des kurfürstlichen Forst- und Wildmeisters) mit dem **Uhrendachreiter** von 1604 bis 1872 steht unter Denkmalschutz. In der alten **Dorfschule** lernten bis Mitte des 19. Jh. 117 Kinder aus dem gesamten Dorf in einem kleinen Raum. Am **Gasthaus »Erbgericht«** führt ein Naturlehrpfad mit 40 Texttafeln in das **Katzsteingebiet**. Bis Anfang des 19. Jh. schlichen hier Wildkatzen herum. Auf der Ostseite des **Katzsteins** (444 m) ersteigt man auf einer Eisenleiter den 30 m höheren **Katzfels**. Der Gipfelpfad verläuft durch ein Birkenwäldchen, wie man es sich nur in Rußlands Weiten vorstellen kann,

Die Heimatstube Cunnersdorf zeigt authentisches ländliches Ambiente

zum **Signal**, einem alten Waldbrandwachpunkt mit wunderschönem Ausblick.

Ideal für eine Radtour am Wildbach ist ein Ausflug zu zwei Flößergewässern in den Cunnersdorfer Wäldern, dem **Fuchsteich** und dem **Taubenteich**. Sie liegen geheimnisvoll-neblig unmittelbar an der Landesgrenze. Im Fuchsteich »schwimmt« sogar ein Inselchen. Die kleine, geländerlose **Floßknechtbrücke** kurz vor dem Teich ist ein Relikt aus der Zeit, als der Fuchsbach noch als Floßgraben genutzt wurde. Ihre Sandsteinwölbung wird durch keinerlei Bindemittel, sondern nur durch einen abgeschrägten Keilstein zusammengehalten. Schon die alten Römer bauten Keilsteinbrücken.

Hotel/Essen und Trinken

Zum Erbgericht
Landgasthof im Ortskern von Cunnersdorf mit modern und komfortabel eingerichteten Zimmern, eigener Metzgerei, Biergarten, Kaminzimmer und gutbürgerlicher Küche. Ruhige Lage.
01824 Cunnersdorf Nr. 30
Tel. 03 50 21/6 89 43 oder 6 86 40
15 Zimmer
Mittlere Preisklasse

Museum

Heimatstube Cunnersdorf
Exponate zur Lebensweise der hiesigen Bevölkerung, über die Forstwirtschaft und folkloristische Traditionen. Der Galerieaufgang an dem Umgebindehaus zeugt von einer hohen Zimmermannskunst im 18./19. Jh.
01824 Cunnersdorf Nr. 37
Mai–Okt. Sa 9–11 Uhr und Mi 17–19 Uhr, ansonsten geöffnet nach Vereinbarung (Tel. 03 50 21/6 86 90, Wolfgang Richter)

Gohrischstein, Papststein und umliegende Tafelberge ■ G 4

Die beiden Tafelberge **Gohrischstein** (448 m) und **Papststein** (452 m) liegen mit ihren wildzerfurchten Gipfelplateaus in der lieblichen Landschaft brüderlich nebeneinander. Die 15 m tiefe Klufthöhle an der Nordseite des Gohrisch ist als **Schwedenhöhle** bekannt. Der Aufstieg zum Papststein ist bequem. Der **»Papst«**, den nur eine Scharte vom Massiv trennt, ist neben den beiden **Hunnskirchen**, die sich andächtig vor den in der Ferne liegenden Schrammsteinen aufbauen, ein beliebter Kletterfelsen. Göttlich ist der Rundblick von der Südseite des Berges, der hier höllisch steil abfällt. Angeblich sind dort 45 Ortschaften zu zählen! In der Nähe von **Papstdorf**, das sich unten wie eine Puppenstubenstadt aufreiht, riß 1972 ein natürlicher Felssturz eine 30 m breite Waldschneise. In der Pension »Erblehngericht Papstdorf« (Tel. 03 50 21/6 85 13) werden leckere Gerichte der sächsischen Küche serviert. Weniger markant heben sich die Steine in der Nähe des Höhenorts **Kleinhennersdorf** mit seinem bäuerlichen Ambiente und dem schönen Schrammsteinblick im Landschaftsbild ab. Die beiden Höhlen (**Lichterhöhle** und **Hampelhöhle**) an der Südseite des Kleinhennersdorfer Steins (389 m) entstanden durch den Abbau von Scheuersand. Die Wege dorthin sind sandig wie an der Ostsee. Über den **Kohlbornstein** (387 m) verläuft ein Gratweg bis zu dessen Nordspitze, wo sich wiederum eine der schönsten Aussichten der Sächsischen Schweiz bietet. Die **Lasensteine** bestehen aus dem Vorderen, Hinteren und Mittleren Lasenstein.

Königstein

■ G 4

Die Kleinstadt am Fuße der Festung schmiegt sich mit ihren Bahngleisen an die Ufer der Elbe. Ihre Kulisse bildet der gleichnamige Tafelberghüne. Die 40 Meter hohe **Festungsmauer** umschlingt ihn wie ein Gürtel. Auf der anderen Elbseite protzt sein unbebautes Pendant, der **Lilienstein**. Die kleine **Barockkirche** auf dem **Schreiberberg** bildet den Mittelpunkt der Stadt und einen harmonischen Bezug zur Festung. Die **Pegelsäule** in der Pirnaer Straße zeugt von verheerenden Überschwemmungen. Am Elbufer beeinträchtigen der Autolärm der B 172 und das Zugrattern die Kleinstadtidylle. Der **Eisenbahnviadukt** wurde 1848/1849 erbaut. Auch die **Raddampfer**, die von der Schiffsanlegestelle elbauf und -ab tukkern, bieten günstige Verkehrsverbindungen. Sogar der ersten Oberleitungsbusse der Welt darf sich der Ort rühmen. Die **Bielatal-Motorbahn** verkehrte von 1901 bis 1904 bis zur ehemaligen **Kaltwasserheilanstalt Königsbrunn** im Ortsteil Hütten. Königstein verfügt über reiche musikgeschichtliche Traditionen. Das Königsteiner Musikarchiv pflegt das Erbe aus vier Jahrhunderten. Seine stilgeschichtlichen Schwerpunkte haben einen starken Bezug zum Werk von Johann Sebastian Bach, Richard Wagner und Robert Schumann. Von der Königsnase auf der zwei Kilometer langen Brustwehr der Festung genießt man den zwar ziemlich grauen, aber dennoch anmutigen Blick auf das Städtchen in der Elbschleife, dessen umfassende Renovierung eine Geduldsprobe zu sein scheint.

Königstein liegt eingezwängt zwischen Fels und Fluß

Hotels und andere Unterkünfte

Hotel Lindenhof
Malerische Lage hoch über der Elbstraße mit herrlichem Blick auf die Festung Königstein und den Lilienstein. Komfortabel ausgestattet, Panoramaterrasse. Gastronomischer Service rund um die Uhr! Konferenzräume.
Gohrischer Str. 2
Tel. 03 50 21/6 82 43, Fax 6 62 14
34 Zimmer
Mittlere Preisklasse

Landgasthof Müller
Sonnige Lage an der Elbe im Ortsteil Halbestadt gegenüber der Festung Königstein. Das alte Bauernhaus mit seinen Gewölben aus dem 19. Jh. wurde liebevoll renoviert und rustikal eingerichtet.
Halbestadt 17
Tel. 03 50 22/4 27 94, Fax 27 94
5 Zimmer
Mittlere Preisklasse

Spaziergang

Auf dem Sandsteinpflaster der **Schreiberberggassen** spaziert man zur **Marienkirche**, die 1724 nach Plänen von Georg Bähr erbaut wurde. Ihr Wiederaufbau nach einem Brand im Jahre 1810 im Stile des Barocks dauerte bis 1823. Die Kirche war durch das Feuer stark zerstört, so daß man ihr Inneres, das überraschend schlicht ist, im zeitgenössischen Stil des Klassizismus gestaltete. Zwischen einem Portikus und einem Tempelgiebel mit ionischen Säulen ist die Kanzel angebracht. Das **Haus des Gastes**, ein hübsches Fachwerkgebäude mit barockem Portal von 1765 am Schreiberberg, überlieferte der Volksmund als »Feuersegen-Haus«, weil es als einziges den Brand überstanden hatte. Das historische Stadtwappen am **Rathaus** erinnert daran, daß das heute 3200 Seelen zählende Städtchen einst zu Böhmen gehörte. Im Haus Pirnaer Straße Nr. 5 wohnte und wirkte der Bach-Forscher und Komponist Wilhelm Werker. Ganz in der Nähe steht das Geburtshaus und ein Denkmal des Kreuzkantors Julius Otto. Die **Postdistanzsäule** von 1727 bildet die Ortsmitte. Eine Kutschfahrt nach Nürnberg zum Beispiel dauerte danach im 18. Jh. 44 5/8 Stunden.

Sehenswertes

Festung Königstein
TOP 1
Um 1200 als böhmische Burg errichtet, war der Königstein während der Dohnaischen Fehde zu Beginn des 15. Jh. dauerhaft der Mark Meißen einverleibt und 1589 zur Feste ausgebaut worden.
Die **Meduse** hinter der **Zugbrücke** am Haupteingang empfängt die Besucher höchst unfreundlich. Nach der griechischen Mythologie läßt sie denjenigen, der ihr in die Augen schaut, zu Stein erstarren. In dem **»dunklen Aufgang«**, der von dem **»hellen Aufgang«** abgelöst wird, warten auch noch Pechnasen, Steinschmeißen und Fallgatter auf ihre Opfer. Gleichwohl »stürmen« jährlich ganze Besucherfluten die alten Gemäuer! Weniger bedrohlich wirkt der 1970 erbaute **Riesenfahrstuhl**, der die Gäste mit einer Hubhöhe von 41 m in einem Felsenschacht auf die Mauerkrone befördert. Die unfreundlichen **Kasemattengewölbe** wurden unter Ausnutzung der Felsklüfte gebaut. In ihren bombensicheren Räumen befand sich einst die Bäckerei der Festungssiedlung. Sie war früher eine kleine Stadt mit Standesamt und eigener Gerichtsbarkeit. Die Kasematten dienten u. a. auch als Schatztruhe für die Dresdner Kunstschätze in Krisenzei-

ten, in denen die Feste zudem für den Dresdner Hof eine sichere Zufluchtsstätte darstellte. Während des Siebenjährigen Krieges drückte sich Friedrich August III., der Sohn August des Starken, samt seiner Generalität vor dem Gefecht (1756) mit dem Alten Fritz, um von hier aus zuzusehen, wie seine ausgehungerte Armee nach Preußen abgeführt wurde. Sein Vater feierte auf dem Königstein amouröse Feste, ließ dazu in steter Konkurrenz mit den Pfälzern das größte Weinfaß der Welt mit Tanzboden erbauen. Durch eine Personenwaage am Eingang des Festsaals im Neuen Zeughaus ließ er prüfen, ob seine Gäste mit dem Gelage zufrieden waren. In der **Friedrichsburg**, dem weithin sichtbaren barocken Schlößchen, richtete er eine herrschaftliche Küche im

Festung Königstein

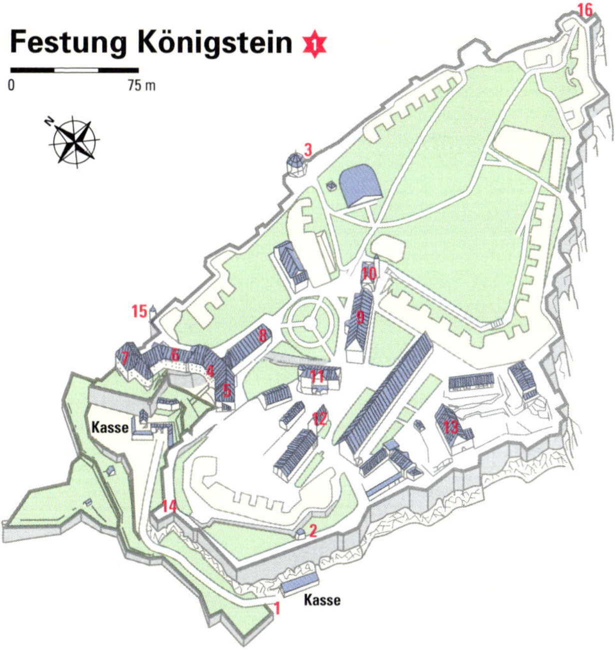

- 1 **Zugbrücke**
- 2 **Aufzug**
- 3 **Friedrichsburg**
- 4 **Torhaus**
- 5 **Kommandantenhaus**
- 6 **Streichwehr**
- 7 **Georgenburg**
- 8 **Neues Zeughaus**
- 9 **Magdalenenburg**
- 10 **Garnisonskirche**
- 11 **Brunnenhaus**
- 12 **Schatzhaus**
- 13 **Altes Zeughaus**
- 14 **Seigerturm**
- 15 **Hungerturm**
- 16 **Königsnase**

Erdgeschoß ein. Eine aushebbare Speisetafel überraschte die Gäste in dem darüberliegenden Saal mit dem Zauber von »Tischlein, deck dich!«. Weniger angenehm erging es hingegen den vielen Gefangenen auf der Festung. Bereits eine Majestätsbeleidigung genügte, um hinter ihren dicken Mauern frösteln zu müssen. Der prominenteste Häftling, Friedrich Böttger, mußte 1706/1707 während des Nordischen Kriegs in der **Georgenburg** an der Erfindung des sogenannten »Weißen Golds« – des europäischen bzw. Meißner Porzellans – experimentieren. Auch Frank Wedekind, August Bebel, Michail Bakunin, der Maler Thomas Theodor Heine und Wagners Freund August Röckel waren in der Festung eingekerkert. Den Mythos ihrer Uneinnehmbarkeit brach der 18jährige Schornsteinfeger Sebastian Abratzky. Er bezwang 1848 das stark bewachte Bollwerk im Alleingang und erhielt für seine bergsteigerische Glanzleistung zwölf Tage Arrest.

Rundgang: Unter dem **Torhaus** mit dem Reliefbild August des Starken und dem kursächsisch-polnischen Wappen beginnt der steile **»dunkle Aufgang«**. Die alte Wagenwinde an seinem Ende diente bis 1912 als Lastenzug. Rechts vom Torhaus befindet sich das **Kommandantenhaus** (1443), links thronen monumental **Streichwehr** (1589) und **Georgenburg** (1619) mit Bastion. Der **Johannissaal** im **Neuen Zeughaus**, in dem August der Starke seine Feste feierte, liegt über dem Aufgang. Der **Felsenkeller** in der **Magdalenenburg** (1621/1622) entstand bereits 1591, er wurde später als Proviantmagazin genutzt. In seiner gruftigen Kühle ließ der Superlative liebende absolutistische Herrscher die drei Riesenfässer aufstellen, die dann wegen Baufälligkeit abgetragen wurden. Das größte Weinfaß hatte ein Fassungsvermögen von 250 000 Litern. Die ehemalige **Garnisonskirche** stammt aus dem Jahre 1677. Das **Brunnenhaus** hatte 1715 der Zwingerbaumeister Matthäus Daniel Pöppelmann entworfen, wenig später wurde es durch ein beschußfestes Sandsteingewölbe ersetzt. Der 152,2 m tiefe Brunnen versorgte die Festung bis 1967 mit Wasser. Seine Sohle liegt 88 m über dem Elbspiegel. Das 113 m lange Gebäude, das den ehemaligen **Festungshof** (früher Marktplatz) begrenzt, ist der älteste noch erhaltene Kasernenbau Europas

Das kursächsisch-polnische Wappen über dem Eingang zur Festung

(1589). Die Wände des unterkellerten **Schatzhauses** sind 1,80 m dick. Es barg ebenfalls Dresdner Kunstschätze. Im **Alten Zeughaus** wurden Kriegsgeräte aufbewahrt, im oberen Stockwerk befand sich später das Staatsgefängnis. Unter den Wachtürmen sind besonders der **Seigerturm** mit **Sonnenuhr** und **Seigerschelle** sowie der **Hungerturm**, das sogenannte Rößchen, hervorzuheben. Die über 300jährige »**Blitzeiche**« unweit der **Königsnase** wurde 1973 bei einem Gewitter zerstört.
Ostern–Sept. 9–20, Okt. 9–18, Nov.–April 9–17 Uhr, 24. Dez. geschl.; Führungen April–Okt. mehrmals tgl.; im Winter Sa/So

Museum

Im **Neuen** und **Alten Zeughaus**, in der **Georgenburg**, im **Brunnenhaus**, im **Torhaus** und im **Faßkeller** sind verschiedene Ausstellungen zur Bau- und Militärgeschichte zu sehen, die während der Öffnungszeiten der Festung in der Regel besichtigt werden können.

Essen und Trinken

Meteora
Beliebtes und stimmungsvolles griechisches Restaurant.
Pfaffenberg 6
Tel. 03 50 21/6 79 66
Mittlere Preisklasse

Offizierskasino
In der ehemaligen Fleischerei der Festung Königstein eingerichtetes Restaurant mit leckerer Hausmannskost, z. B. Pilzen in Bierteig und Kartoffelpuffer mit Apfelmus.
Tel. 03 50 21/6 46 90
April–Sept. 9–20 Uhr, Okt. 9–18 Uhr, Nov.–März 9–17 Uhr, 24. Dez. geschl.
Mittlere Preisklasse

Einkaufen

Kunsthandwerkermarkt
Am Fuße der Festung Königstein.
April–Okt. tgl. 10–18 Uhr

Service

Auskunft

Tourist-Information
Schreiberberg 2
01824 Königstein
Tel. und Fax 03 50 21/6 82 61

Ausflugsziele

Quirl ■ F 4

Der Quirl ist das Sandsteinmassiv mit der größten und geschlossensten Platte in der Sächsischen Schweiz. Der Quirlrundweg passiert einige Höhlen. Die beiden **Sterlischen Höhlen** tragen den Namen eines legendären Räuberhauptmanns, der sich hier versteckte. Im **Diebskeller** – einer Schichtfugenhöhle – finden bis zu 15 Zelte Platz. An ihrer hinteren Wand tritt eine kleine Quelle aus.

Struppen ■ F 3

Zur Gemeinde Struppen gehören die Dörfer im großen Elbbogen. Zwischen heiter geschwungenen Hügeln abseits der Hauptverkehrsstraße bieten sie beste Voraussetzungen für sanften Tourismus. Den Lilienstein und den Königstein sieht man hier in den malerischsten Perspektiven. Zwei Fährschiffe bringen die Gäste auch schnell mal in die wildzerklüftete Felsenwelt bei Rathen und Wehlen. In den exotischen Nadelbäumen im **Thürmsdorfer Schloßgarten** singt die Nachtigall ihre Lieder. Ende Mai leuchten die

Rhododendrenbäume und Magnolien in allen Purpurfarben. In diesem Gebiet sollen früher Bären gelebt haben. Vom **Kleinen Bärenstein** kann man den Blick zum Lilienstein mit der markanten Pappelreihe und den umliegenden Rapsfeldern schweifen lassen. Die **Diebshöhle** an seiner Ostseite ist eine Einsturzhöhle mit 15 m Breite und 13 m Länge. Gegenüber ragt der **Große Bärenstein** schroff auf. **Weißig** mit seinen Drei- und Vierseithöfen und der alten Dorfschule ist ein verschwiegenes Dörfchen, welches vom Massentourismus in dem nur wenige Kilometer entfernten Rathen kaum etwas ahnen läßt. Hinter dem Felsenstumpf der **Nonne**, der wie ein Vorposten in der trauten Landschaft steht, geht's steil hinauf zum stiegenreichen Kammweg des **Rauensteins** mit herrlicher Sicht auf die Bastei. Auf dem von oben noch eindrucksvoller zu sehenden Nonnenfelsen soll nach einer Sage eine Nonne ihr tägliches Gebet verrichtet haben.

Hotels und andere Unterkünfte

Auf dem Kulm
Einfache Touristenherberge in äußerst idylischer Lage am Fuße des Rauensteins mit schöner Tafelbergkulisse – umgeben von Obstbäumen und saftigen Wiesen. Vorzüglich für Jugendliche und Gruppen geeignet, aber auch für Einzelgäste offen.
01824 Weißig, Nr. 3b
2 Zehnbettzimmer, 4 Fünfbettzimmer, 2 Doppelzimmer
Tel. 03 50 21/6 87 14 oder 6 85 22
Untere Preisklasse

Rathener Hof
Exklusiver Berggasthof mit prachtvollem Panorama auf die umliegenden »Steine«. Sauna, Solarium und Fitneßraum. Tagungs- und Konferenzräume.
01824 Weißig
Tel. 03 50 21/7 20
32 Zimmer
Obere Preisklasse

Große Höhlungen im Sandstein sind Kennzeichen des Quirl-Massivs

Sehenswertes

Die **Kirche** in dem ehemaligen Rittergutsdorf **Struppen**, das erstmals im 13. Jh. erwähnt wurde, vereint in ihren kuriosen Anbauten wie Türmchen und Eingangshalle Baumerkmale aus fast allen kunstgeschichtlichen Epochen. Im **Chorraum** erkennt man deutlich den romanischen Bau, der damals vom Deutschritterorden errichtet wurde. Die kleine, entzückend verzierte **Orgel** gilt als die älteste der Sächsischen Schweiz. Am Pfarrhaus erinnert eine Gedenktafel an den im Jahre 1758 hier geborenen Pfarrer und Erschließer der Sächsischen Schweiz, Wilhelm Lebrecht Götzinger.

Museum

Robert-Sterl-Haus
In dem Häuschen auf dem Elbhang über Pötzscha arbeitete und lebte der impressionistische Maler Robert Sterl (1867–1932). Über 100 Ölgemälde, Handzeichnungen und Grafiken des bekannten deutschen Künstlers hängen hier im Original.
Naundorfer Str. 99
Mai–Okt. Mi, Do, Sa 10 – 17 Uhr

Essen und Trinken

Mittelgasthof Struppen
Rustikales, gemütliches Gasthaus mit gutbürgerlicher Küche im Ortskern von Struppen. Sehr preiswert!
Hauptstr. 52
01796 Struppen
Tel. 03 50 20/7 04 07/7 04 75
Untere Preisklasse

Service

Auskunft

Gemeindeverwaltung Struppen
Hauptstr. 39
01796 Struppen
Tel. 03 50 20/7 04 18

Der Besondere Tip

Pfaffenstein Der 428 m hohe Pfaffenstein bei Pfaffendorf hat einiges zu bieten! An seinen 32 freistehenden Felsenfiguren wird fleißig geklettert. Eine Ausnahme ist die 60 m große »steinerne Jungfrau«, die »ungehorsame« Barbarine. Der Sage nach wurde sie von ihrer zornigen Mutter zu Stein verwandelt. Sie wurde fast kopflos, als sie 1944 mehrere Blitze trafen. Unter Einsatz von Chemikalien wurde das Naturdenkmal saniert. Der »leichte« Weg hoch auf den Pfaffenstein streift den etwa 200 m langen bronzezeitlichen Ringwall (Lausitzer Kultur). Eindrucksvoller, aber auch kraftaufwendiger ist der stufenreiche Nadelöhr-Aufstieg durch eine Felskluft. ■ G 4

Krippen

■ H4

Auch in dem Erholungsort Krippen, der sich im tiefen **Krippengrund** erstreckt, trieb einst das Wasser die Räder der Sägewerke an. Ein Naturlehrpfad informiert über seine Historie. Bereits 1474 wurde ein »Moller« urkundlich erwähnt. Die zahlreichen Mühlen im Tal bezeugen, daß die Menschen hier lange Zeit von der Müllerei und der Holzverarbeitung lebten. Seit dem 15. Jahrhundert ist Krippen Gewerbe- und Elbhandelsplatz. Auf der **Krippener Schiffswerft** wurde 1833 der Rumpf des ersten Elbdampfers gebaut.

Im Elbtal zeugen einige alte Villen im Landhausstil von den Anfängen des Fremdenverkehrs vor etwa 100 Jahren. Die **Elbbrükke** nach Bad Schandau und die **Fußgängerfähre** bieten gute Verkehrsverbindungen. Der **Eisenbahndamm** wurde 1850 unter Berücksichtigung des Elbpegels von 1845 angelegt. Man gelangt hier auch schnell in das Gebiet der hinteren Tafelsteine mit seinen verwunschenen Bauerndörfern. In Krippen lebte von 1852 bis 1895 Friedrich Gottlob Keller, der Erfinder des Holzschliffpapiers, das in Sachsen patentiert wurde. Keller beobachtete Wespen beim Nestbau und entdeckte dabei Parallelen zum Papier. Diese Beobachtung war unter anderem ausschlaggebend für seine Idee, Holz zu schleifen. 1844 schliff er 100 Kilogramm Holz an einem Sandstein und ließ in einer Mühle Papier herstellen. Während Keller in bescheidenen Verhältnissen lebte, wurden mit seiner Erfindung auf dem Weltmarkt beträchtliche Umsätze erzielt.

Die Holzschleifmaschine im Keller-Museum in Krippen

Hotel

Hotel Erbgericht
Komfortables Landhotel im Ortskern von Krippen unweit der Elbe mit gemütlichen Zimmern (teilweise im Bauernstil und mit Balkon zur Elbseite). Reichhaltiges Speisenangebot. Konferenzräume. Attraktion: in den Gewölbekellern mittelalterlicher Schmaus in fünf Gängen (Voranmeldung!).
Bächelweg 4
Tel. 03 50 28/8 09 41
37 Zimmer
Obere Preisklasse

Museum

Keller-Museum
Im ehemaligen Wohnhaus von Friedrich Gottlob Keller ist eine rekonstruierte Holzschliffmaschine zu sehen.
Sa 9.30–11.30 und sonst nach Vereinbarung
Tel. 03 50 28/8 04 01

Essen und Trinken

Ziegelscheune
Einfaches Restaurant in außerordentlich schöner Elblage mit Terrasse. Auf der anderen Seite des Flusses setzen sich die Siebenbrüderhäuser in Postelwitz und das Schrammsteinmassiv in Pose. Sächsische Küche.
Elbweg 22
Tel. 03 50 28/8 04 37
Mo geschl.
Untere Preisklasse

Service

Auskunft

Fremdenverkehrsbüro Krippen
F.-G.-Keller-Str. 54
01814 Krippen
Tel. 03 50 28/8 03 66

Ausflugsziele

Kleingießhübel ■ H 4

Zweifelsohne eines der malerischsten Dörfer der Sächsischen Schweiz! An den Hängen des rauschenden **Krippenbachs** schmiegen sich reizende Umgebinde- und Fachwerkhäuschen. Eine verträumte Idylle zu Füßen des wildzerklüfteten **Kleinen Zschirnsteins** (472 m), der sich wie eine schützende Feste über den Ort erhebt. Sein Name ist slawischen Ursprungs und bedeutet »Schwarzer Stein«. Am **Mittagsstein** auf dem **Großen Zschirnstein** befindet sich der höchste Punkt der Sächsischen Schweiz (561 m). Die Aussicht reicht bis zum Kegel des Rosenberges in Böhmen. Die Säule des alten trigonometrischen Punktes bildet mit dem Lilienstein und dem Schneeberg ein Vermessungsdreieck.

Rheinhardtsdorf-Schöna ■ H 4

Wer ländliche Idylle und Weltabgeschiedenheit »pur« sucht, der ist in diesen typischen Waldhufendörfern gut aufgehoben. Die Menschen lebten hier seit jeher von der Landwirtschaft. Durch die Lage der schmalen Felder, die sogenannten Hufen, hatten die Bauern den gleichen Blickwinkel zu den Schrammsteinen. Davor hebt sich der vierkantige Teufelsturm markant ab. Er diente jahrhundertelang als natürliche Sonnenuhr. Noch bis in die 50er Jahre wurde mit Hilfe seines wandernden Schattens von den Bauern in Rheinhardtsdorf die Mittagszeit erkannt. Kaffeepause war angesagt, wenn der Schatten eine nach Osten halbkreisförmig gebogene Felspartie im oberen Teil der Felswand (der

»**Henkel**« genannt) berührte und die Form einer »Kaffeekanne« entstand (Mitte April gegen 15 Uhr).

Auch das zauberhafte Dörfchen **Schöna** liegt in göttlicher Ursprünglichkeit am »Ende der Welt«. Mit seinem groben Straßenpflaster und den alten Landhäusern, in deren Gärten Lehmwege führen, ist es genau das richtige für träumerische Seelen. Eine entzückende Kulisse bilden dazu zwei formschöne kleinere Tafelberge, von denen man direkt auf die Vorderen Schrammsteine und die Umgebung des **Prebischtors** schaut. Der kreisrunde **Zirkelstein** (384 m) gleicht mit seiner bewaldeten Fußhalde einer Riesenschnecke mit Schneckenhaus. Besonders eindrucksvoll ist diese Ansicht vom **Wolfsberg** aus. Kunsthistorische Rätsel geben die lebensgroßen Löwenskulpturen an der rechten Aussichtskanzel der **Kaiserkrone** (354 m) auf. Die beiden Löwenleiber sitzen in einem Winkel von 36 Grad zueinander, wohinter sich das Urbild des Kreises, der Tierkreis, verbergen könnte.

Hotel

Panoramahotel Wolfsberg
Mitten im Wald auf dem Wolfsberg gelegen. Herrlicher Rundblick.
Wolfsberg Nr. 112
Tel. und Fax 03 50 28/8 04 44
20 Zimmer
Mittlere Preisklasse

Essen und Trinken

Gasthaus Zirkelstein
Die kleine gemütliche Gaststube am Fuße des Zirkelsteins bietet leckere sächsische Hausmannskost.
Schöna Nr. 37 b
Tel. 03 50 28/8 02 24
Untere Preisklasse

Service

Auskunft

Fremdenverkehrsamt Rheinhardtsdorf-Schöna
Waldbadstr. 52 d
01814 Rheinhardtsdorf-Schöna
Tel. 03 50 28/8 04 33, Fax 8 04 34

DER BESONDERE TIP

Dorfkirche in Reinhardtsdorf Die Kirche im Stile des Bauernbarocks aus dem 17. Jh. ist, mit ihrem holzummantelten Zwiebeltürmchen am Hang gelegen, weithin zu sehen. Ihr Gestühl ist 300 Jahre alt, und auch die Erbgerichtsloge ist eine Seltenheit. Der Pranger neben dem mit Engeln verzierten Westportal, durch das man den folkloristisch verspielten Innenraum betritt, ist ebenfalls außergewöhnlich. Legenden umspinnen das Teufelchen, das unter dem buntbemalten Kanzelkorb mit seinen reichen Schnitzereien abgebildet ist. Der Flügelaltar von 1521 (früher Hauptaltar) mit geschnitzten Figuren ist ein besonders wertvolles Stück.

Die Dorfkirche in Reinhardtsdorf ist ein Kleinod des sächsischen Barock

Felsformen, scheinbar im Widerspruch zu jeglicher Statik, prägen das Tal an der Biela. Ihr slawischer Name deutet auf die weiße Farbe der Birken hin.

Abseits der touristischen Hauptroute gelegen, wird das Klettergebiet im Bielatal mit etwa 250 skurrilen Felsentürmen von den Besuchern der Sächsischen Schweiz meist ein wenig vernachlässigt. Wer es jedoch einmal entdeckt hat, dem wird dieses Urlaubserlebnis unvergeßlich bleiben. Wahrzeichen des Landstrichs sind die **Herkulessäulen** und die **Hochofenruine Brausenstein**. Die Straße von **Langenhennersdorf** zu dem Dorf Bielatal verläuft über die **Hermsdorfer Panoramahöhe**, von der aus man eine ungeheuer schöne Aussicht hat: auf die Silhouette der Tafelberge im Osten und das Erzgebirge im Westen. Dabei ahnt man nicht, daß sich im tiefen Tal der schönen Biela weitere Klettergipfel von unvergleichlicher Anmut verstecken. Dort verläuft die westliche Grenze des Elbsandsteins. Der Ortsteil **Rosenthal** erstreckt sich mit seinen Fachwerkgehöften bis zur Landesgrenze. Auf der böhmischen Seite erhebt sich der höchste Berg des Elbsandsteingebirges, der **Hohe Schneeberg**.

Gipfelerlebnisse können Sie in der Sächsischen Schweiz in großer Zahl haben

Bielatal-Rosenthal

■ F 4/F 5

Die Dörfer Rosenthal und Bielatal sind vor allem Ausgangspunkte für Wanderungen in das wildromantische Felsengebiet der Biela: **Schweizer-** und **Ottomühle**. Eine merkwürdige Landschaft, die jedem Reisenden das Herz höher schlagen läßt! In dieser Gegend befinden sich die Kuranlagen der im 19. Jahrhundert berühmten **Wasserheilanstalt**. Heute sind die Pensionen und Kurhäuser leider verfallen, die meisten der alten pompösen Villen stehen leer und führen (hoffentlich nicht mehr lange) ein recht trostloses Dasein. Nicht nur hier macht sich der Teufelskreis hoher Arbeitslosigkeit (etwa 18 Prozent) und fehlender Investitionen in dieser Grenzregion Deutschlands bemerkbar. Die erste Omnibuslinie der Welt war von Königstein bis Schweizermühle geplant. Die gleislose **Bielatalbahn** blieb am Ende lediglich ein Forschungsprojekt, das eine neue Etappe in der Entwicklung der O-Busse einleitete.

Im ausgehenden Mittelalter wurden zahlreiche **Hammerwerke** des Berggießhübler Erzreviers ins Tal der Biela verlegt. Das Baumaterial für die Öfen, der Sandstein, konnte hier ganz in der Nähe gebrochen werden. Genug Holzkohle, um die Meiler zu stopfen, lieferten die umliegenden Wälder. Im Mittelalter besaß fast jede Ortschaft im Bielatal eine Eisenhütte oder einen Hammer. Es gab fünf Eisenstraßen für den Erztransport. Anfang des 18. Jahrhunderts wurden die letzten Hochöfen und Frischfeuer ausgeblasen.

Die Ottomühle ist Ausgangspunkt für schöne Wanderungen

Hotels/Essen und Trinken

Gasthof Raum
Die kleine Pension unter freundlicher Führung liegt abseits der Hauptstraße im Ortsteil Raum. Im rustikalen Restaurant wird leckere Hausmannskost angeboten.
Markersbacher Str. 1
01824 Bielatal
Tel. und Fax 03 50 33/7 12 05
10 Zimmer
Mittlere Preisklasse

Gasthof »Zum Erbgericht«
In dem renovierten rustikalen Gasthaus, dessen Zimmer im bäuerlichen Stil eingerichtet sind, wird sächsische Hausmannskost serviert.
Rosenthaler Str. 1
01824 Rosenthal
Tel. und Fax 03 50 33/7 12 25
23 Zimmer
Mittlere Preisklasse

Sehenswertes

Hochofenruine Brausenstein
TopTen 10
Das Wort Brausenstein ist altslawischer Herkunft: **brusu** = Wetzstein. Der historische Hochofen des ehemaligen Hammerwerks aus dem Mittelalter ist das technische Denkmal einer ehrwürdigen Arbeitsstätte. Der Sandstein eignete sich als Baustoff besser als gebrannte Steine (Ziegel), stand aber nur in bestimmten Gebieten zur Verfügung. Die Amtshämmer von Pirna sicherten unter der Regie der Kurfürstlichen Eisenkammer Pirna den sächsischen Landesbedarf an Eisen. Die Hochöfen aus Sandstein, die man im 15. Jh. im Revier des Pirnischen Eisens einsetzte, stellten einen Fortschritt in der technologischen Entwicklung dar. Das Sandsteingemäuer bzw. Rauhgemäuer war hitze- und formbeständig sowie widerstandsfähig gegen den chemischen Angriff der Mineralschmelze und die Verbrennungsgase. Um 1800 begründete der Lauchhammer in Sachsen die Ablösung des Elbsandsteins als Feuerfeststein, weil dessen hohe Kosten unwirtschaftlich geworden waren. Man verwendete nun formbare Mischungen aus Ton und Kieselsteinen als Feuerstein. Die Hochofenruine steht an der Bielastraße (Abzweig Ottomühle) und kann jederzeit kostenlos besichtigt werden.

Service

Auskunft

Gemeindeverwaltung Bielatal
Talstr. 12
01824 Bielatal
Tel. und Fax 03 50 33/7 12 06

Ausflugsziele

Labyrinth ■ F 4

Die sogenannte natürliche Anhäufung riesiger Felsblöcke liegt oberhalb von **Langenhennersdorf** mitten im Wald. Wie in einem Irrgarten führen Tunnel, Felsspalten, Stiegen und Gänge hinein, aber möglicherweise nicht so einfach wieder heraus! Wer auf abenteuerliche Entdeckungsreise gehen will, sollte sich alte Kleidung anziehen, denn der verzweifelte »Theseus im Reiche des Minotaurus« muß durch glitschige Grotten schlüpfen. Für Kinder im entsprechenden Alter ein Riesenspaß! Wer will, kann weiter zu den **Nikolsdorfer Wänden** mit der **»Nikolsdorfer Nadel«** wandern.

Relikt mittelalterlicher Eisenherstellung: die Hochofenruine Brausenstein

Osterzgebirge ■ C 5/E 5

Im Tal der wildreißenden **Gottleuba** liegen die beiden alten Bergarbeiterstädtchen **Berggießhübel** und **Bad Gottleuba**. Während Berggießhübel vor allem als Kneippkurort bekannt wurde, genießt Bad Gottleuba einen guten Ruf als Stahl- und Moorbad. Bergleute entdeckten hier im 18. Jh. heilkräftige Quellen. Später wurde das Stollengewässer als Bade- und Mineralwasser genutzt. Die 1965 bis 1974 erbaute **Trinkwassertalsperre Bad Gottleuba** mit einer Staufläche von 65 ha dient als Hochwasserschutzanlage. Ihre 52 m hohe Hauptsperre besitzt eine Kronenlänge von 327 m. Die Ausläufer des Sandsteins und der Granitformationen verleihen dem **Bahratal** mit den Dörfern **Markersbach** und **Hellenbach** touristische Attraktivität. Am Grenzübergang steht das **Olympiadenkmal**, ein durch die Geschichte belasteter Gedenkstein zur Übergabe des olympischen Feuers auf dem Weg von Athen nach Berlin im Jahre 1936. Auf böhmischem Gebiet bieten sich die **Tisaer Wände** mit ihren Kletterfelsen und der **Hohe Schneeberg** mit seinem herrlichen Panorama als Ausflugsziele an. Im Erzgebirge sind zum Beispiel **Altenberg** mit dem Schaubergwerk und der Bobbahn, die **Silbermannorgel** in **Rheinhardtsgrimma** sowie **Lauenstein** und **Liebstadt** lohnenswerte Ziele. **Burg** und **Schloß Lauenstein** erheben sich kühn und malerisch über der Müglitz auf einem Felssporn. Die Burg aus dem 13./14. Jh. besteht heute nur noch als Ruine. Das Relief an der Portalbekrönung des Hauptschlosses weist auf die Bedeutung des Bergbaus für die damaligen Besitzer hin. Nach einem verheerenden Schloß- und Stadtbrand übernahm Günter von Bünau – ein gebildeter und kunstsinniger Mensch, der am Hofe in Prag und in Dresden gedient hatte – im Jahre 1594 Schloß und Herrschaft Lauenstein. Der Altar und das kostbare Bünauepitaph in der wunderschönen Lauensteiner Kirche sowie der prächtige Wappensaal im Schloß zeugen noch heute davon. Durch das lieblich-grüne Tal der **Seidewitz** erreicht man das **Schloß Kuckuckstein** in **Liebstadt**, der mit 850 Einwohnern kleinsten Stadt Sachsens. Das Märchenschloß mit seinen Zinnen und Türmchen ist ein Wallfahrtsort für Freimaurer. 1774 ersteigerte Carl August von Carlowitz das Anwesen und richtete die Freimaurerloge mit Bibliothek ein. Der Logenraum ist im Sinne des »Mikro- und Makrokosmos« der Freimaurer mit Sonne, Mond und Sternbildern ausgestaltet. Durch die Fenster erblickt man die schöne spätgotische **Pfarrkirche** (um 1500) von Liebstadt, die eine **Schloßherrenloge** im Altarraum hat. Das Bildnis Moreaus – eines Generals der Französischen Revolution – im Napoleonzimmer des Schlosses ist leider verschollen. Napoleon hatte es eigenhändig zerstört.

Hotel/Essen und Trinken

Berghotel Augustusberg
Komfortables Haus in exponierter Lage auf dem 510 m hohen Augustusberg. Herrlicher Panoramablick auf das Erzgebirge und die Bad-Gottleuba-Talsperre. Sauna, römisches Dampfbad, Whirlpool, Solarium, Fitneßcenter. Vom Bahratal aus zu erreichen.
01816 Bad Gottleuba
Tel. 03 50 23/6 25 04, 6 24 80
20 Zimmer und 6 Zimmer in »Villa Augustusberg«
Mittlere Preisklasse

Gasthaus »Zur Waldburg«
Traditionsreiches Jugendstilhaus – behaglich und komfortabel – im romantischen Tal der Gottleuba (an der Hauptstraße zwischen Langenhennersdorf und Berggießhübel). Im rustikalen Burgkeller, ausgestattet mit wertvollen Rüstungen und alten Waffen, werden deftige Ritterspeisen serviert. Kaminzimmer.
Pirnaer Straße
01819 Langenhennersdorf
Tel. 03 50 32/6 19, Fax 6 23
15 Zimmer
Obere Preisklasse

Am Abend

Wolkenbruch
Exklusive und seriöse Nachtbar für jung und alt. Fr und Sa Diskothek. Der Diskjockey paßt seine Musik dem jeweiligen Publikum an.
Hotel Waldesruh
Talstr. 42
01819 Berggießhübel
Tel. 03 50 23/6 23 71
Tgl. 20–3 Uhr
Obere Preisklasse

Das Gebiet der Schweizer- und Ottomühle ■ F 5

Eine Millionen Jahre alte Landschaft kann kaum eindrucksvoller sein. Zwischen spektakulären Felstürmen und -skulpturen, die geradezu verrückte Verwitterungsformen aufweisen und jeden Moment umzustürzen drohen, taucht man im Süden des Ortes Bielatal wie in einer phantastischen Vision in ein urzeitliches »Meer« ein, um auf dem weißen Sand seines Grundes zu wandeln. Hochaufragende Kiefern haben ihre dicken Stämme um riesige Steinbrocken gewunden, weiße Birken leuchten im ganzen Tal. Ein Kletterparadies für Bergsportler! Für den Zuschauer sind ihre tollkühnen Klettereien regelrecht spannungsgeladen. Ganze Familien bevölkern in bunten Trauben (mit Kind und Kegel) die Gipfel. Am schönsten ist es in der **Felsengasse**, die sich am Fuße der Klettergipfel entlangschlängelt. Aber auch der **Bielablick**, wo sich eine Aussichtsbastion aus der Zeit der Romantik befindet, bietet eine phänomenale Sicht. Die Felsenensembles mit dem **Schiefen** und dem **Chinesischen Turm** sowie die **Herkulessäulen** sind selten schöne Gebilde. Diese kunstvollen Riesenstatuen wurden von der Natur kreiert. Ihre grotesken Formen symbolisieren die Landschaft an der Biela. Gegenüber lockt noch ein Aussichtspunkt, die **Johanniswacht**.

Bei der **Ottomühle** zweigt ein Weg in den **Glasergrund** ab. Vorbei an der **Bennohöhle** am **Wormsberg**, in der die vermutlich älteste Inschrift der Sächsischen Schweiz aus dem Jahre 1401 erhalten ist, führt ein Wanderweg zur Aussichtskanzel **Grenzplatte**. Vor der imposanten Kulisse Böhmens bauen sich die ausgezackten Felsklötze des **Kleinen** und **Großen Grenzturms** auf. Auf dem Rückweg kann man einen Abstecher in den **Dürre-Biela-Grund** unternehmen, wo unter etwa 30 bizarren Felsstelen die schlanke Dürrebielanadel absticht. Oberhalb der Biela, entlang der **Verlassenen Wand** (sie ist mit 45 Aufstiegen ein sehr beliebter Klettergipfel), erreicht man zwei Klufthöhlen. Aus dem 19 m tiefen Eisloch schlägt dem Wanderer auch im Hochsommer eisige Kälte entgegen. Das **Schwedenloch** diente im Dreißigjährigen Krieg als Zufluchtsstätte. Dann folgen der **Spannagelturm** und der **Großvaterstuhl** bei der Ottomühle.

Mit dem Auto entgeht Ihnen eine ganze Menge! Erkunden Sie die herrliche Landschaft der Sächsischen Schweiz zu Fuß. Es lohnt sich!

Wer diesen einzigartigen Landstrich in seiner vollendeten Schönheit kennenlernen und schätzen will, der sollte sich Zeit nehmen. Eine Autorundfahrt kann nur einen flüchtigen Eindruck vermitteln, ist aber manchmal durchaus reizvoll. Besonders im weitläufigen »Gebiet der Steine«, wo sie mit einem atemberaubenden Tafelbergaufstieg gekoppelt werden kann! Erlebnisreichere Alternativen der Fortbewegung bieten die Kirnitzschtalbahn und die Sächsische Semmeringbahn (→ S. 81), die Teile des Nationalparks erschließen und vor allem Kindern Freude bereiten. Auch die Elbdampfer steuern Ortschaften an, die als Ausgangspunkte für Wanderungen ideal sind, denn optimal kann man die Sächsische Schweiz nur zu Fuß kennenlernen. Erst auf einer Wanderung kann man die natürlichen und vielfältigen Eigenarten der Region richtig begreifen und in sich aufnehmen. Lassen Sie sich – wie Caspar David Friedrich »in Betrachtung des Mondes« – in die längst vergangene Zeit der Romantik entführen!

Mai und Juni sind ideal für Touren in der Sächsischen Schweiz

Zur Basaltfeste Stolpen

■ F 1/G 1

In der weitläufigen Landschaft der Lausitz thront – weithin sichtbar – die Kleinstadt Stolpen mit ihrer mittelalterlichen Basaltburg. Der Stolpener Burgberg ist ein etwa 25 Millionen Jahre alter basaltischer Lavadurchbruch. Die Gesteinsschmelze erstarrte sehr rasch an der Oberfläche und formte sich zu den fünf- bis siebeneckigen Basaltsäulen, die im Burghof gut zu sehen sind. Im Volksmund werden sie als Orgelpfeifen und Bienenwaben bezeichnet.

Eine Feste aus Basalt

Fast alle Hochbauten der Festung bestehen – ebenso wie die meisten Häuser der Stadt – aus Basalt. Die 220 Meter lange Burganlage gliedert sich in die **Vorburg** mit unterem und oberem Hof sowie die **Hauptburg**, die ebenfalls in eine untere und eine obere Burg unterteilt ist. Durch den Haupteingang an der **Klengelsburg** gelangt man in den unteren Hof mit einer etwa 3 Meter tiefen **Zisterne**. In dem um 1518 errichteten **Kornhaus** wurden die Naturalabgaben der Bauern gelagert. Die Fenster der **Hauptwache** am Tor sind zum Schutze der Wachmannschaft vor Beschuß auffällig hoch angeordnet. Heute beherbergt das Gebäude ein **Waffenmuseum**. Auf der Bank davor saßen einst die Wachsoldaten in Bereitschaft, in den Einschnitten standen ihre Gewehre. Gegenüber befindet sich der **Marstall** mit seinem auf acht Säulen ruhenden Kreuz- und Bogengewölbe (1518). Dort wird heute die 250 Jahre lang betriebene Wasserkunst der Burg erläutert. Auch uralte Feuerlöschgeräte gehören dazu. In der **Folterkammer** werden mittelalterliche Foltermethoden und -geräte gezeigt, so daß es einen recht gruselt. Im **Schösserturm** mit seinen dicken Basaltmauern sind alte Schlösser, Riegel und Schlüssel zu sehen. Der Burgschösser konnte von einer Nische seiner Amtsstube durch einen Spion die Gespräche der vor dem Turm Wartenden abhören. Sehr schön ist das spätgotische Sterngewölbe im **Gerichtssaal**. Darunter liegt der **Johanniskerker** mit dem Hungerloch – ein schreckliches Gefängnis, in dem die Verurteilten einen qualvollen Hungertod starben. Das handgeschmiedete Uhrwerk aus dem Jahre 1562 im Seigerturm (obere Hauptburg) arbeitet heute noch auf die Minute genau. Von der Kräuterküche im Siebenspitzenturm ist eine Herdplatte mit Abzug erhalten. Nach Plänen des Freiberger Bergmeisters Martin Planer wurde in den Jahren 1608 bis 1630 ein **Basaltbrunnen** in die Erde getrieben. Im Feuersetzverfahren schlug man täglich etwa einen Zentimeter Basaltkruste ab – jährlich zwischen drei und vier Metern. Mit 82 Metern ist er noch heute der tiefste Basaltbrunnen der Welt. Eindrucksvoll ist auch das weitläufige **Kellerlabyrint**.

Der Leidensweg einer Mätresse

Der **Johannisturm** war 21 Jahre lang der Gefangenenort der Gräfin Cosel, deren Schicksal eng mit der Burg verbunden ist. Über einen angebauten Wendeltreppenturm gelangt man in die Stockwerke, die nach dem Tode der Gräfin ausgeplündert wurden. Unten im ehemaligen Speisezimmer ist noch der Spülstein zu sehen. Von der ständigen Ausstellung über das bewegte Leben der Gräfin kann man sich kaum losreißen. Die Porträts im Kaminzimmer zeigen unter anderem die drei Kinder, die sie gemeinsam mit August dem Starken hatte. Im Schlafzimmer im dritten Stock hatte die Gräfin ihre umfangreiche Bibliothek untergebracht. Eine kleine Holztür führt zum Turmklosett in einem Aborterker. Ganz oben befand sich die Turmwache. 28 Jahre lang mußte die Gräfin Cosel – streng isoliert – im **Zeughaus** (heute zerstört) wohnen. Beim Einsturz eines baufälligen Ofens zog sie sich so starke Verletzungen zu, daß sie 1744 in den Johannisturm übersiedelte. Ihr Leidensweg zeigt ein bewegtes Frauenschicksal aus der Zeit des Absolutismus. Nach unglücklicher Ehe wurde sie die Lieblingsmätresse von August dem Starken, der ihr unter anderem das Taschenbergpalais (in den letzten Jahren als Hotel wiederaufgebaut) in Dresden schenkte. Bald versuchte sie, sich in die Staatsgeschäfte des Dresdner Hofes einzumischen. Die Verwirklichung ihrer Ideen hätte einen radikalen Wandel der sächsischen Politik bewirkt. Doch wurde August, der auch König von Polen war, die polni-

Eindrucksvoll überragt Burg Stolpen das Umland

sche Gräfin Dönhoff zugeführt. Damit begann der Abstieg der Gräfin Cosel. Zunächst mußte sie sich nach Pillnitz zurückziehen. Schließlich floh sie nach Berlin, aber die Preußen lieferten sie aus. Am Weihnachtsabend 1716 brachte man sie als Gefangene auf die Burg. Ohne Urteil wurde sie bis zu ihrem Tode (fast ein halbes Jahrhundert) festgehalten, ihre Bittgesuche fanden kein Gehör. Im Jahre 1727 ließ August der Starke den Basaltfelsen unterhalb der Burg mit Artillerie beschießen, um die Festigkeit des Basaltgesteins zu prüfen. Es blieb nahezu unbeschädigt. Von der **Burgkapelle**, in der die Gräfin beigesetzt wurde, sind Reste des gotischen Maßwerksteinportals zu sehen. Ihr Grab wurde 1881 freigelegt. Napoleon sprengte die Kapelle ebenso wie andere Teile der Burg bei seinem Rückzug im Jahre 1813. **Museum Burg Stolpen** (Schloßstr. 10, Nov. bis März 9 bis 16 Uhr, April bis Okt. 9 bis 17 Uhr)

Unverfälschtes Mittelalter

Die Bürgerhäuser der **Stolpener Altstadt** aus dem 18. und 19. Jahrhundert drängen sich an den Nordhang des Burgberges. 1723 brannte die Stadt ab. Danach wurde sie originalgetreu wiederaufgebaut und ist noch heute in ihrer mittelalterlichen Form erhalten. Die Altstadt steht unter Denkmalschutz. Das **Postamt** mit graziösem Dachreiter ziert ein prachtvolles **Postkutschenrelief**. Andere historische Gebäude um

Dem allgegenwärtigen Basalt wurde sogar ein Denkmal gesetzt

den steilansteigenden **Marktplatz** sind das **Rathaus** mit Dachreiter und Stadtwappen (1726 bis 1728), die **Löwenapotheke** und das schlichte **Amtshaus** mit dem Spruch des englischen Hosenbandordens »Ein Schalk, wer Arges dabei denkt!« Im **Stadtmuseum** am Marktplatz steht eine Basaltbüste der Gräfin Cosel. Um die zarten Konturen des Frauengesichts in dem harten Gestein wiederzugeben, verbrauchte der Radeberger Bildhauer Detlef Herrmann 80 Steinmeißel. Die schmucke Burgstadt mit ihren hübschen Restaurants und Boutiquen ist auch durch ihre Handwerkskunst bekannt. Übernachtungsmöglichkeit im **Burghotel**.

Dauer: 1/2 Tag

Durch den Nationalpark

TOPTEN 4

Seit fast 100 Jahren zuckelt eine elektrische Straßenbahn entlang der Kirnitzsch von **Bad Schandau** bis zum **Lichtenhainer Wasserfall**. Lichtüberflutete Wiesen und Auen durchbrechen die dunklen Schatten des von steilen Felsen eingefaßten Tals. An sonnigen Wochenenden lockt die abwechslungsreiche Landschaft Tausende Ausflügler und Wanderer an. Zum Teil wird die Bahn mit Solarstrom betrieben; 380 Quadratmeter Module auf dem Dach der 1992 renovierten Bahnhalle fangen das Sonnenlicht ein. Die Oldtimer-Triebwagen aus den zwanziger Jahren werden nur noch zu besonderen Anlässen eingesetzt. Die **Kirnitzschtalbahn** verkehrt tagsüber halbstündig. Ihre Haltestellen liegen meist in der Nähe von Gasthöfen. Sie sind ideale Ausgangspunkte, um die geheimnisvollen Täler und Schluchten des Hinteren Nationalparks zu erkunden. Man kann aber auch auf dem 15 Kilometer langen »**Flößersteig**« – einem Naturlehrpfad am Kirnitzschbach – bis Bad Schandau zurückspazieren. Zwischen dem **Nassen Grund** und dem **Beuthenfall** stimmt der Pfad mit dem ursprünglichen Flößersteig überein, der einst bis zur **Oberen Schleuse** reichte. Von dort trieben die Baumstämme nach der Schneeschmelze einzeln ins Tal. Die Flößer und Floßknechte lösten von dem Pfad aus die Stämme, die sich verhakt hatten. An der Kirnitzschmündung in Bad Schandau wurden die Stämme zu steuerbaren Elbflößen zusammengebunden. Deshalb heißen die Elbwiesen an dieser Stelle »die Bindung«.

Dauer: 4 Stunden
Karte: → Klappe hinten

Der Lichtenhainer Wasserfall

Mit dem Raddampfer nach Elbflorenz

In Bad Schandau klingt die goldpolierte Schiffsglokke, und los geht die Fahrt mit einem der ältesten Raddampfer der Welt. In den Elbschleifen spielen **Lilien-** und **Königstein** im Wechsel auf und werfen ihre Spiegelbilder auf den Fluß, bis die steilen **Basteiwände** ins Bild rücken. Da oben auf der Kanzel lauter Zwerge! An den **Weißen Brüchen** vorbeigetuckert, legt der Kapitän den nächsten Stopp in **Wehlen** ein. Hübsch die elegante Uferpromenade und der alte Burgberg! Weiter flußabwärts gegenüber den **Zeichener Steinbrüchen** das Dorf **Obervogelgesang** (welch ein Name!), bevor am **Sonnenstein** in **Pirna** die Felsenwelt jäh endet. Mit eingeklapptem Schornstein wird die Brücke der ehrwürdigen Stadt passiert. Die **Pillnitzer Sommerresidenz** ist nach der »industriellen Durststrecke« um Heidenau die nächste eindrucksvolle Sehenswürdigkeit. An der barocken Elbschloßtreppe legten im 18. Jahrhundert Prachtgondeln an. August der Starke wollte die Elbe von Pillnitz bis Meißen in eine Art »Canal Grande« verwandeln. Auf der vorgelagerten Elbinsel, die unter Naturschutz steht, brüten etwa 50 Vogelarten. Dann kündigt die Turmzwiebel der Schifferkirche »Maria am Wasser« **Hosterwitz** an, wo Carl Maria von Weber den »Freischütz« komponierte (Museum). Es folgt eine der schönsten Brücken in Deutschland – das stählerne »Blaue Wunder«! Wie harmonisch verbindet sie doch die Rebhänge von **Loschwitz**, wo sich Standseilbahn und Schwebebahn zu den pompösen Villen hinaufhangeln, mit dem Stadtteil **Blasewitz**! Gleich darauf die drei romantischen Elbschlösser und nach der nächsten Flußwindung der Höhepunkt: Dresden, genannt »Elbflorenz«! Obgleich man angesichts der Zerstörung der Altstadt eine bittere Träne vergießt, ist seine barocke

Wahrzeichen von Dresden: die Semperoper

Anmut aus dem 18. Jahrhundert überwältigend. Kontrastvoller als Dresden präsentiert kaum eine Stadt ihren historischen Glanz und das sinnlose Erbe von Krieg und Not. Kurz vor der geschichtsträchtigen **Augustusbrücke** legt der Dampfer unterhalb der **Brühlschen Terrassen**, dem »Balkon Europas«, an, und schon ist man mittendrin im Zentrum der Kunst und im Touristenstrom. Den architektonischen Zenit, die (katholische) **Hofkirche**, entwarf der Italiener Chiaveri. Ungeachtet aller religiöser Traditionen richtete er sie nicht nach Osten, sondern zur Elbe hin aus. Sie gilt als »Schwanengesang« des römischen Barocks und bewahrt das

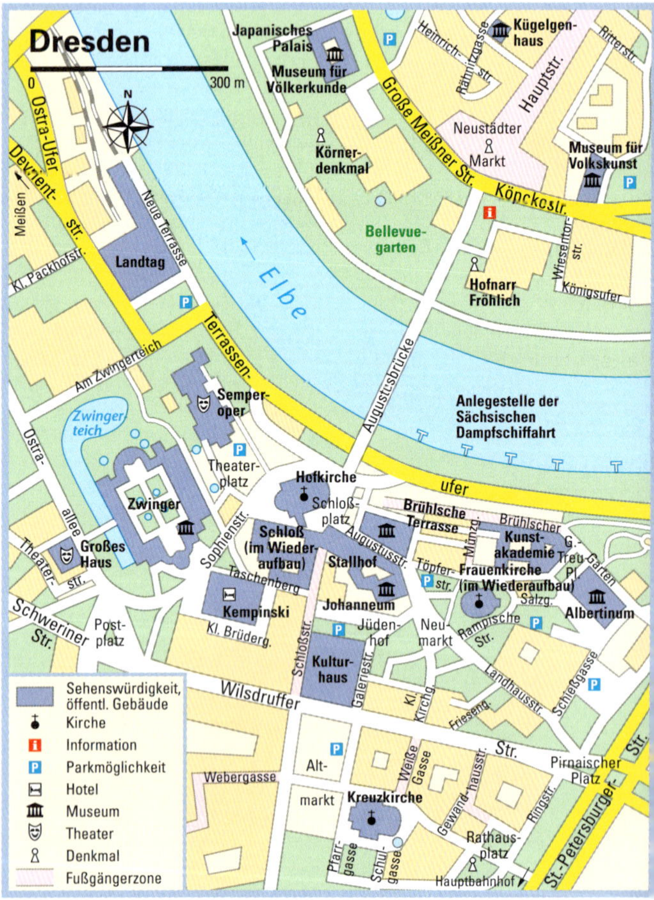

Herz August des Starken auf. Am **Theaterplatz** die **Semperoper**, eines der schönsten Opernhäuser der Welt, Wirkungsstätte von Richard Wagner und Carl Maria von Weber. Der **Zwinger** mit Kronentor, Wallpavillon, Glockenspiel und Nymphenbad ist eine Glanzleistung der großen Barockmeister Matthäus Daniel Pöppelmann und Balthasar Permoser! Auf dem 102 Meter langen **Fürstenzug am Stallhof** aus Meißner Porzellankacheln promeniert das wettinische Herrscherhaus zu Pferde. Der Wiederaufbau des prachtvollen **Residenzschlosses** wird zügig vorangetrieben. Aus der Ruine des **Taschenbergpalais**, in dem die Gräfin Cosel wohnte, wurde unlängst nach umfangreichen Rekonstruktionsarbeiten ein Luxushotel. Gleich daneben die Kriegsreste der **Frauenkirche**, die nun nach über 50 Jahren wiederaufgebaut wird. Vom **Neustädter Markt** glänzt August der Starke nun gar als **Goldener Reiter** herüber, unweit davon steht das Japanische Palais mit dem japanischen Hotel Bellevue. Einkaufstip: Besuchen Sie auf der Neustädter Seite die mit kunterbunten Keramikmotiven gefließte Molkerei im größten erhaltenen Gründerzeitviertel Europas! Museale Höhepunkte im Zwinger sind die **Galerie »Alte Meister«** (zum Beispiel »Sixtinische Madonna« von Raffael, »Schlummernde Venus« von Giorgione, »Zinsgroschen« von Tizian, Rembrandts »Selbstbildnis mit Saskia«, Canaletto-Gang, Gobelin-Saal) und die **Porzellanausstellung** mit zauberhaften ostasiatischen und Meißner Stücken aus dem 18. Jahrhundert. In Augusts wenig bescheidener Schatzkammer, dem **Grünen Gewölbe** im **Albertinum**, glitzert's und schillert's wie im Märchen. Eine Symphonie der Illusionen aus Rubin, Achat, Topas, Saphir… Absolutes Glanzstück ist der edelsteinüberschäumende **Hofstaat zu Delhi am Geburtstag des Grossmoguls Aureng-Zeb**. Allein schon Elefant und Thron sind ein Gedicht! Permoser schuf den lächelnden »Mohren« mit den Smaragden. Im Anschluß folgen die Räume der **Galerie »Neue Meister«** mit der Romantiker-Abteilung sowie Werken von Gauguin, van Gogh, Degas, Schmidt-Rottluff, Nolde und vielen mehr! Wer Dresden voll und ganz genießen will, sollte allerdings nicht nur eine Stippvisite einplanen. Die Rückfahrt in die Sächsische Schweiz kann auch mit der S-Bahn erfolgen.

Gemäldegalerie »Alte Meister« im Zwinger
Di–So 10 bis 18 Uhr
Albertinum, Brühlsche Terrasse
Mo–Mi, Fr–So 10 bis 18 Uhr
Porzellanausstellung im Zwinger
Mo–Mi, Fr–So 10 bis 18 Uhr

Dauer einer Dampferfahrt ab oder bis Bad Schandau: flußabwärts 5 Stunden und flußaufwärts 6 Stunden
Karte: → Klappe vorne, Klappe hinten

Zum Prebischtor nach Böhmen

TOPTEN 8

In absehbarer Zeit soll mit einem »Fährgroschen« die EU-Außengrenze zwischen der Böhmischen und der Sächsischen Schweiz passiert werden können. Die Fähre legt unmittelbar am S-Bahnhof Schöna ab und setzt nach **Hřensko (Herrnskretschen)** in der Tschechischen Republik über. Eine Alternative ist es, sich in die (deutsche) Blechkarawane in Schmilka einzureihen. Beim **Klepač** (Mühle) am Ortsausgang von Hřensko kann man parken, wenn man sich den Weg durch das langgezogene Wildbachtal der **Kamenice** (Kamnitz) sparen will. Die Karlsbader Oblaten oder die Knödelteigstangen kann man auf dem Rückweg einkaufen. In dem lebhaften Grenzstädtchen bietet der »asiatische« Trödelmarkt fast alles, was des Touristen Herz begehrt. Trotz schwacher Währung ist man bemüht, die einstige Schönheit des Ortes wiederzubeleben. Er galt bereits im 19. Jahrhundert als »Tor zur Böhmischen Schweiz«. Hübsch ist das farbenprächtige Kirchlein! Wenige Kilometer von der Mühle entfernt zeigt ein Wegweiser zum »**Pravčická braná**«. Der lange Aufstieg lohnt sich: Mit seiner Spannweite von 26,5 Metern und einer Höhe von 16 Metern ist das **Prebischtor** die größte Naturbrücke Mitteleuropas. Hoheitsvoll schwingt es sich über schroff abstürzenden Kanten auf. Oberhalb der Berggaststätte im Blockhausstil, die sich harmonisch in die Landschaft einfügt, ergeben sich Felsenansichten von berückender Schönheit. Einer der beeindruckendsten Promenadenwege im Elbsandsteingebirge, der alte **Gabrielensteig**, umrundet in halber Höhe einen romantischen Talkessel. Die Säule des **Einsers** und der pyramidenförmige **Zuckerhut** ragen markant aus den Nebelfetzen hervor. In **Mezni Louka** kann man sich mit einer kräftigen Knödelmahlzeit stärken und tief in das Flußtal der sausenden Kamnitz hinabsteigen. Das letzte Boot legt um 17 Uhr an der **Wilden Klamm** ab. Damit es auf dem stauglatten See mit seinem feinsandigen Grund auch wirklich »wild« zugeht, schaukelt der spitzbübische Bootsmann schon einmal einen »hohen Seegang« mit seinem Kahn herbei. Auf Galerien und durch Felstunnel geht's dann per pedes zur oberen Station der **Stillen Klamm** (Edmundsklamm), wo man wiederum nur mit dem Boot vorankommt (bis 18 Uhr). Die Partie auf der 950 Meter langen Staustufe ist ein großartiges Erlebnis. An der herabjagenden Kamnice wandert man zurück zum »Klepač«.

Dauer: Tagesausflug
Karte: → Klappe hinten

Auf den Spuren der Romantiker – Höhepunkte am Malerweg

Wer auf den Spuren der Romantiker in der Sächsischen Schweiz wandert, wird Caspar David Friedrichs Leitspruch »Ein Bild muß nicht erfunden, sondern empfunden sein!« ganz persönlich erleben. Der von Dresdner Künstlern geprägte **Malerweg** führte mitten durch den heutigen Nationalpark. Sein Verlauf läßt sich im groben an deren Bildmotiven nachvollziehen: **Pillnitz**, die **Wehlener Gründe**, das **Basteigebiet** bei Rathen, **Hohnstein** und quer durch den hinteren Teil des heutigen Nationalparks bis nach **Böhmen**. Eine ganze Schar von Künstlern aus Dresden, der deutschen Hochburg romantischer Malerei, rückte aus, um ihre Vorliebe für das Nebelige, Verwunschene und pittoresk Verfallene in Bilder umzusetzen. »Nach der Natur« wurde meist nur gezeichnet, die Ölgemälde, die Phantasie und Wirklichkeit vereinen, entstanden in den Malstuben. Einzelne Wegstationen lassen sich heute noch aufgreifen. Von dem Maler und Arzt Carl Gustav Carus hängt ein kleines Ölgemälde »Der Friedrichsgrund bei Pillnitz« in der Galerie »Neue Meister« in Dresden. Auch das Ölbild »Mühle im Liebethaler Grund« von dem Norweger Johann Christian Dahl ist zu sehen. Dahl verband eine zwanzigjährige Hausgemeinschaft mit Caspar David Friedrich. Friedrich verbrachte einmal allein eine ganze Woche im **Uttewalder Grund**. In seinen Bildern fing er mit Vorliebe die düsteren Herbststimmungen ein. Mit seinen Worten »...wer im Nebel nichts als Grau sieht, dessen Phantasie ist arm...« kann man sich über elbneblige Urlaubstage hinwegtrösten! In Caspar David Friedrichs ausdrucksstärkstem Felsengemälde »Felsenschlucht« (Öl, Kunsthistorisches Museum, Wien), das als Höhepunkt der ro-

Die berühmten Löwensteine auf der Kaiserkrone

mantischen Landschaftsmalerei gilt, erkennt man das **Felsentor Neurathen** mit der Kleinen und der Großen Steinschleuder. Er zeichnete den Gamrig bei Rathen und baute diese Detailskizze in das spätere Gemälde »Der Wanderer über dem Nebelmeer« (Öl, Kunsthalle, Hamburg) ein.

Landschaftsszenerien, in Bildern eingefangen

Der Eidgenosse Adrian Zingg gilt als Entdecker der sächsischen Landschaft, die er in Hunderten von gezeichneten, getuschten, kolorierten und gestochenen Blättern schilderte. Wer die Originale betrachten will, der wird vor allem im Kupferstich-Kabinett Dresden (Güntzstraße 34, Mo, Mi, Fr 9 bis 16 Uhr, Di, Do 9 bis 18 Uhr) fündig. Zingg gravierte zum Beispiel die untere Öffnung des Bärengartens an der Burg Hohnstein zum Schindergraben, das sogenannte Schinderloch. Die Felsenformation am **Schinderloch** fand vermutlich Verwendung in Caspar David Friedrichs Gemälde »Ausblick ins Elbtal« (Öl, Neue Meister, Dresden).

Der Schindergraben mündet in das **Polenztal**, durch das der Weg der Romantiker seinen Verlauf nahm. Die nahe gelegene **Gautschgrotte** war eines ihrer beliebtesten Motive. Mit seinen Freunden Carl Gustav Carus und Friedrich Gotthelf Kummer wanderte Friedrich 1818 tagelang im Schandauer Gebiet bis zum **Kuhstall**, den auch Adrian Zingg und Johann Philipp Veith, der als Zinggs begabtester Schüler gilt, darstellten. Von dort ging es auf dem noch heute so genannten »**Fremdenweg**« zum **Großen Winterberg**.

Ludwig Richter war gerade einmal zehn Jahre alt, als ihn sein Vater Carl August Richter und sein Pate sowie erster Zeichenlehrer Adrian Zingg mit ins Gebirge nahmen. Zu Richters Motiven gehören die »gotische Höhle« auf dem **Kleinstein**. Sein berühmtestes Ölgemälde »Überfahrt am Schreckenstein bei Aussig« kann man in der Galerie »Neue Meister« in Dresden bewundern. Der **Schreckenstein** liegt kurz hinter **Aussig** (Ústí nad Labem) in Böhmen. Hier fand Richter sein »Klein-Italien«.

Auch die Tafelbergseite der Elbe fand das Interesse der Romantiker. Caspar David Friedrich lebte als Exilant während der Befreiungskriege in **Krippen**. (Dort entstanden auch einige **Schrammstein-Motive**.) Die markante Felsengruppe am Aufgang zur **Kaiserkrone** bei Schöna diente in seinem Gemälde »Der Wanderer über dem Nebelmeer« als Sockel, auf dem der Wandersmann in eine neblige Landschaft schaut. Detailmotive des Ausblickes vom **Wolfsberg** (**Zirkelstein, Rosenberg**) und der **Gamrig** bei Rathen treten aus den Nebelschwaden hervor. Achten Sie bei der Betrachtung des Bildes darauf, wie sie im Bildaufbau mit dem Kopf und den Schultern des Wanderers harmonieren (→ Die Sächsische Schweiz von A–Z, Pauschalreisen, S. 120).

Im Herzen des Nationalparks

An der Neumannsmühle im Kirnitzschtal führt der alte Handelsweg Sachsen–Böhmen durch den **Großen Zschand** – eine urtümliche und wunderbar stille Landschaft – bis zum **Zeughaus**. Einst stand hier eine schlichte Jagdhütte, in der das kurfürstliche Jagdzeug aufbewahrt wurde. Auf dem blaumarkierten Pfad entlang der Kernzone des Nationalparks arbeiten wir uns zum **Goldstein** hinauf. Im 16. Jahrhundert waren hier Goldgräber am Werk, weil in dem vorhandenen Basalt Granatkörner glitzerten. Aber am Goldstein gab es gar kein Gold! Den Reichtum sollte man hier lieber in der Schönheit der Natur suchen. Die Kernzone des Nationalparks, das Reservat **Böses Horn**, ist eines ihrer unschätzbaren Heiligtümer. Es darf nicht betreten werden. Rufen Sie von dem 444 Meter hohen Goldsteinplateau einmal laut in die weitgedehnte Wildnis! Es ertönt ein vielfaches Echo! Nach dem Goldstein zweigt vom blauen Weg ein unmarkierter Pfad rechts ab und umrundet das wuchtige Massiv des Bösen Horns. Auch dort, wo sich der Blick zu den **Pechofenhörnern** öffnet, kann man ein großartiges Felsenschauspiel bestaunen. Der anfänglich bequeme, nadelweiche Pfad erweist sich jedoch nach einigen Minuten eher für die Gemsen geeignet, die im Winter immer wieder aus dem benachbarten Böhmen in den **Großen Zschand** wechseln. Den **Winterstein**, das **Hintere Raubschloß**, erreichen wir deshalb auf Umwegen. Kurz nach der Abzweigung vom blauen Pfad gabelt sich der Weg und schlägt einen weiten Bogen um eine Felsblockansammlung mit dem **Kleinen Kuhstall**. Die Feuerstelle unter dem Naturbogen verrät, daß man hier auch heute noch gern »Räuber im Walde« spielt. Wenig später fällt der Boden steil ab in eine finstere Schlucht unterhalb des **Bärenhorns**, das Försters Loch. Diese Schlucht führt zum rotmarkierten Pfad, auf dem sich die bizarre Umgebung zu besonderem Zauber entfaltet. Auf dem 315 Meter hohen **Winterstein**, der Spuren einer alten Burgstadt aufweist, wartet auf die Wanderer eine grandiose Szenerie: die schroffen **Bärenfangwände**, die wuchtige Felsmauer des **Lorenzsteins**, **Heulenbergkette** und **Wachberg**. Aus der künstlich erweiterten Höhle hat man einen imposanten Blick auf den klobigen Stumpf des **Kansteins**. Die Ritter suchten sich zum Bau ihrer Burgen besonders eindrucksvolle Orte aus. Eine verwegene Steiganlage führt hinauf zu den Mauerresten und Balkenfalzen. Über die Quenenwiesen im **Kleinen Zschand**, wo im Frühjahr Tausende Wildblüten aufbrechen und im Morgengrauen die Rothirsche röhren, wandern wir zur **Felsenmühle** im Kirnitzschtal.

Dauer: 5–6 Stunden

Auskunft

Spezielle Unterkunftverzeichnisse, Prospekte und Auskünfte über besondere Leistungen erhalten Sie kostenlos von den Fremdenverkehrsbüros und Gemeindeämtern der einzelnen Orte der Sächsischen Schweiz. Ihre Adressen und Telefonnummern finden Sie im jeweiligen Serviceteil. Weitere Auskünfte erteilen:

Fremdenverkehrsverband Sächsische Schweiz e.V.
Zehistaer Str. 9
01796 Pirna
Tel. 0 35 01/8 54 55, Fax 8 54 56

Tourismusverband (TOURBU) Sächsische Schweiz
Am Bahnhof 6
01814 Bad Schandau
Tel. 03 50 22/49 50, Fax 4 95 33

Bergrettungsdienst
Die Rettungsleitstelle in Pirna erreichen Sie über Tel. 0 35 01/44 79 44 oder Notruf 1 12. Im Rathener Gebiet und im Bielatal gibt es Unfallhilfsboxen.

Camping

Die Campingplätze in der Sächsischen Schweiz haben alle eine schöne Lage am Wasser und ermöglichen zum Teil Wassersport; rechtzeitige Reservierung empfiehlt sich. Auch Dauercampen ist möglich.

Bad Schandau
Tel. 03 50 22/4 21 98

Hinterhermsdorf
Tel. 03 59 74/5 03 73

Hohnstein
Tel. 03 59 75/7 03 72

Kirnitzschtal
Tel. 03 50 22/4 27 42

Königstein
Tel. 03 50 21/6 82 24

Sebnitz/Caravanplatz
Tel. 03 59 71/74 93

Stolpen
Tel. 03 59 73/6 23 49 11

Feiertage

In Sachsen wird gefeiert wie bundesweit auch, zusätzlich gibt es den **Buß- und Bettag**. Statt Allerheiligen ist der **Reformationstag** (31. Okt.) Feiertag.

Geld

Banken und Sparkassen haben dieselben Öffnungszeiten wie anderswo, im allgemeinen Mo–Fr 9–12 und 14–16 Uhr, Do in größeren Orten bis 18 Uhr.

Gottesdienst

Die Gottesdienstzeiten der (meist) evangelischen und katholischen Kirchen sind an den Ortseingängen ausgewiesen.

Grenzübergänge

Zinnwald und Bahratal (Straße), Rosenthal (Kleinkrad, Rad, Fußgänger), Bad Schandau (Bahn), Schöna (Fähre, Rad, Wanderer sowie Rollstuhlfahrer), Schmilka (Bus, Auto, Krad, Rad, Fußgänger und Bootswanderer), Sebnitz (Auto, Krad, Rad, Fußgänger), Hinterhermsdorf, Sebnitz Waldhaus und Sebnitz Forellenschänke (Rad, Fußgänger, Rollstuhlfahrer).

Jugendherbergen

Die Jugendherbergen liegen in landschaftlich schöner Umgebung. In Hohnstein übernachten Kinder und Jugendliche in den Räumlichkeiten der Burg mit herrlichem Blick auf die Felsenwelt. Voraussetzung zur Benutzung dieser preiswerten Übernachtungsalternativen ist allerdings die Mitgliedschaft im Jugendherbergswerk. Für die Ferienzeiten empfiehlt sich zudem rechtzeitige Anmeldung.

Auskünfte
Deutsches Jugendherbergswerk (DJH)
32754 Detmold
Tel. 0 52 31/7 40 10

Deutsches Jugendherbergswerk Sachsen
Popowstr. 7
09116 Chemnitz
Tel. 03 71/23 45 56

Kleidung

Zum Wandern in der Sächsischen Schweiz sollte man vor allem Wanderschuhe mit guter Trittfestigkeit tragen. Enge Felsgassen, Tunnels und Galerien können auch glitschig sein. In den Gründen ist es relativ kühl, was im heißen Sommer angenehm sein kann. Auf langen Wanderungen sollte man Regenkleidung und eine Taschenlampe dabei haben. Zuviel Luxus im Rucksack wird man spätestens beim ersten steilen Aufstieg bereuen.

Klettern

Man unterscheidet zwischen der einfachen Kaminkletterei und der schwierigen Wand- und Rißkletterei. Tips für Bergwanderer und Bergsteiger:

Sächsischer Bergsteigerbund
Ehrlichstr. 2
01067 Dresden
Tel. 03 51/4 94 14 16

Die Wintersportgebiete des Erzgebirges grenzen an die Sächsische Schweiz

Klima

Durch die ausgesprochene Mittellage Sachsens an der Grenze zwischen See- und Kontinentalklima findet man das ganze Jahr über relativ angenehme Witterungsverhältnisse vor. Im Frühjahr und im Herbst halten sich auch mal hartnäckige Elbnebel in den Tälern. Höhenorte wie zum Beispiel Gohrisch sind davon weniger betroffen.

Kuren

Im 18. Jh. entdeckte man in Bad Schandau eine eisenhaltige Quelle. Nach Ausbau des Bades im Jahre 1892 konzentrierte man sich auf Kaltwasser-Heilmethoden. In jüngster Zeit wurde die Kurklinik in Bad Schandau modernisiert, in Ostrau entstand eine große neue Klinik. Bad Gottleuba im östlichen Erzgebirge genießt mit seinem Gesundheitspark einen guten Ruf als Moorheilbad, im traditionellen Kneippkurort Berggießhübel entdeckte man unlängst eine fluorid- und radonhaltige Quelle. Wer sich gesund wandern möchte, dem bieten die steilen Berge in der Sächsischen Schweiz beste Voraussetzungen für Leistungstraining und Fitneß. In den Kurorten Gohrisch und Rathen findet man aktive Erholung in einmalig schöner Landschaft.

Diakonissenheim Felsengrund
01824 Kurort Rathen
Tel. 03 50 21/6 82 80

Erholungsheim Friedensburg
Rüstzeitheim
01824 Kurort Rathen
Tel. 03 50 21/6 85 64

Evangelisches Mutter-Kind Kurhaus Haidehof
Anerkannte Einrichtung des Müttergenesungswerkes.
Heideweg
01824 Kurort Gohrisch
Tel. und Fax 03 51/4 72 41 17

Falkensteinklinik
In der (leider mit einer phantasiearmen Architektur) nach der Wende erbauten Klinik werden u. a. Erkrankungen des Magen-Darm-Traktes, der Leber, des Stoffwechsels, von Herz und Kreislauf sowie chronische Beschwerden des gesamten Stütz- und Bewegungsapparats behandelt.
Ostrauer Ring 35
01814 Bad Schandau
Tel. 03 50 22/4 50

Kinderkurhaus August Bebel
Pladerbergstr. 37
01824 Kurort Gohrisch
Tel. 03 50 21/6 85 03

Kirnitzschtalklinik
Die Klinik wurde nach der Wende nach neuestem Standard renoviert. Orthopädie, Traumatologie, Rheumatologie.
Kirnitzschtalstr. 6
01814 Bad Schandau
Tel. 03 50 22/4 70, Fax 33 59

Kurort Gohrisch
Psychosozial bedingte Störungen, Herz- und Gefäßerkrankungen, Störungen des Bewegungsapparats, Erkrankungen der Atemwege, Verdauungsorgane, Harnwege, ernährungsbedingte Erkrankungen, Mutter/Kind-Kuren.

Kurort Rathen
Bei Störungen des Bewegungsapparats und Herz-Kreislauf-Erkrankungen, Stabilisierung und Entspannung, Klimatherapie.

Kurkarte

Die Kurtaxe wird nach Aufenthaltstagen berechnet und ist beim Gastgeber zu zahlen. Kurtaxpflichtig sind alle Personen ab dem vollendeten 16. Lebensjahr. Als Ausweis für die bezahlte Kurtaxe wird eine namentliche Kurkarte ausgestellt, mit der Sie Ermäßigungen bei Museumsbesuchen, städtischen Veranstaltungen, Stadtführungen, in der Bibliothek usw. erhalten. Die Karte ist nicht übertragbar.

Literatur

Der sächsische Heimatforscher Alfred Meiche sammelte die Sagen der Sächsischen Schweiz und ihrer Randgebiete. Theodor Körner beschrieb in seiner »Reise nach Schandau. Eine Erzählung in Briefen« die schöne Landschaft. Sehr ansprechend ist das neue Buch von Karl-Ludwig Hoch »Caspar David Friedrich in der Sächsischen Schweiz«. Aufgrund hoher Nachfrage entstand das Werk »Bernardo Bellotto« vom Verlag der Kunst, Dresden/Basel, das sich auch mit Bellottos Gemälden Dresdens, Pirnas und des Königsteins befaßt. Wer Näheres über den Sächsischen Wein erfahren möchte, dem sei zum Beispiel »Die Sächsische Weinstraße« von Werner Böhme und Günter Rühle empfohlen.

Lokalklima

In den Tälern und Schluchten der Sandsteinreviere bestehen beachtliche reliefbedingte Temperaturunterschiede. Die Talsohlen der Gründe und Schluchten werden von den Sonnenstrahlen oft nur kurzfristig erfaßt. Bei hoher Luftfeuchtigkeit herrscht hier im Sommer ein kühleres und im Winter ein milderes Lokalklima, das als »Kellerklima« bezeichnet wird.

Nationalpark

Nach der Losung »Im Nationalpark soll die Natur regieren und der Mensch allenfalls nur Gast sein!«

Die genauen Klimadaten von **Dresden**

	Durchschnittstemperaturen in °C		Sonnenstunden	Regentage
	Tag	Nacht	pro Tag	
Januar	1,4	-3,2	2,0	9
Februar	2,8	-2,5	2,7	9
März	7,5	0,0	4,1	8
April	13,5	4,0	5,4	10
Mai	18,4	8,2	6,4	11
Juni	22,5	11,7	7,2	11
Juli	24,0	13,6	7,0	10
August	23,8	13,2	6,7	9
September	20,0	10,3	5,6	8
Oktober	14,1	6,3	4,1	9
November	7,1	2,1	2,0	9
Dezember	3,0	-1,3	1,6	11

Quelle: Deutscher Wetterdienst, Offenbach

sollte der Reisende die folgenden Verhaltensregeln unbedingt beherzigen: Das Aufstellen von Zelten und Wohnmobilen ist nur an ausgewiesenen Stellplätzen gestattet. Nur Bergsteiger in Ausübung des Klettersports dürfen ohne Zelt im Freien übernachten. Radfahren und Reiten ist nur auf ausgeschilderten Wegen gestattet. Mit einem schwarzen Dreieckspfeil gekennzeichnete Wege sind keine Wander-, sondern Kletterwege; ein Kreuz bedeutet, daß der Weg gesperrt ist. Natürliche Felsbildungen dürfen nicht beschädigt werden, der Sandstein ist sehr porös. Man bedenke, daß in einer achtlos weggeworfenen Konservendose viele Insekten und andere Kleintiere den Tod finden können. Betrügen Sie die Bienen nicht um ihre Blüten, und packen Sie Ihre Picknickreste in den Rucksack! Im Nationalpark besteht Rauch- und Badeverbot. Seine Kernzonen sind ein Tabu! Dort ist es der Natur vergönnt, sich auf sich selbst zu besinnen und ohne die »regulierenden« und bevormundenden Eingriffe des Menschen zu einer urwaldähnlichen Landschaft zurückzufinden.

Die Nationalparkverwaltung veranstaltet Bildungsprogramme zu Themen wie Spurensuche am Fels, Vogelstimmen, Ökologie.

Informationen
Nationalparkverwaltung Sächsische Schweiz
Schandauer Str. 36
01824 Königstein
Tel. 03 50 21/6 82 29

Pauschalreisen

Mehrtägige Pauschalreisen (Kletter-, Wander- und Radtouren – auch ohne Gepäck) können beim Tourismusverband Sächsische Schweiz in Bad Schandau oder Pirna gebucht werden (→ Auskunft, S. 116). Für Kunstinteressierte werden Reisen unter dem Motto »Musenküsse am Malerweg« angeboten (→ Routen und Touren, S. 113).

Boote am Amselsee

Reisezeit

Als Reisezeit sind vor allem die Monate Mai–Oktober zu empfehlen. Die Wildblumenteppiche und das zarte Grün im Frühjahr bilden ebenso wie das farbenprächtige Pflanzenkleid im Herbst einen schönen Kontrast zu der nackten Felsenwelt. An heißen Sommertagen dringen die Sonnenstrahlen auch in die tiefen Täler vor. Extreme Witterungsbedingungen, wie man sie vom Hochgebirge kennt, gibt es in dieser »Schweiz« kaum. Außer bei Glatteis sind die meisten Wege auch im Winter begehbar, allerdings ist dies nicht ganz ungefährlich. Eisbildungen an den Felsen können sehr reizvoll sein. Und auch Regentage müssen keine verlorenen Tage sein. Die Wanderer in der Region lassen sich von schlechtem Wetter kaum beirren.

Sauerstoffkuren

Lucas & Specht
Gesundheit, Schönheit, Vitalität, Naturheilverfahren, basierend auf der Nutzung des Sauerstoffs.
Rudolf-Sending-Str. 12
01814 Bad Schandau
Tel. 03 50 22/4 29 73 und 4 25 05
Fax 4 24 66
Mo–Fr. 10–18 Uhr

Schnee

Die Sächsische Schweiz ist aufgrund ihrer felsigen Struktur kein Wintersportgebiet, zumal die Region nicht als schneesicher gilt. In ihren Randgebieten, wo die sanfte Hügellandschaft gewöhnlichen Mittelgebirgen ähnelt, kann man aber rodeln und langlaufen. An der Napoleonschanze, dem Waitzdorfer Berg, dem Gickelsberg bei Goßdorf und im Gebiet Forellenschänke sind Abfahrten möglich.

Umwelt

Von den Umweltbelastungen in Sachsen, die durch die dortigen rauchenden Schlote relativ hoch sind, merkt man in der Sächsischen Schweiz glücklicherweise nicht allzuviel. Absterbende Bäume sieht man im Gegensatz zum Erzgebirge kaum. Auffallend ist allerdings, daß die malerische Elbe in dem schönen Felsental bei genauerem Hinsehen alles andere als sauber ist. Auch die Folgen des Uranbergbaus werden in Sachsen nur langfristig überwunden werden können. Seit 1946 baute die Wismut AG den strahlungskräftigen Rohstoff auch in Randgebieten der Sächsischen Schweiz ab. Heute stellt die Wismut AG Umweltschutztechnik her.

Zeitungen und Zeitschriften

Regionale Tageszeitungen wie die »Pirnaer Rundschau« oder die »Sächsische Zeitung« informieren über das örtliche Geschehen. Die Kurverwaltung in Bad Schandau veröffentlicht regelmäßig eine »Gästeinformation«, das Sächsische Druck- und Verlagshaus Dresden eine Broschüre »Gastliches Sachsen, Sächsische Schweiz, Osterzgebirge«. Das Magazin für Kulturgeschichte und Tourismus »Sachsenbummel« erfreut seine Leser auch mit unterhaltsamen und aktuellen Informationen über die Sächsische Schweiz. Die wissenschaftliche Zeitschrift für sächsische Geschichte, Denkmalpflege, Natur und Umwelt »Sächsische Heimatblätter« publiziert sehr interessante Artikel über diese Region. Der Sächsische Bergsteigerbund gibt die Zeitschrift »Sächsische-Schweiz-Initiative« heraus, die kritisch und aktuell über den Umwelt- und Naturschutz im Nationalpark berichtet.

Vor 100 Mio. Jahren
Infolge starker tektonischer Bewegungen in der Lausitz und dem Erzgebirge hebt sich das Elbsandsteingebirge aus einer 600 m dicken Sand- und Tonschicht eines kreidezeitliches Meeres heraus.

Etwa 12./11. Jh. v. Chr.
Erste Gebirgssiedlungen (Pfaffenstein, Königstein, Lilienstein, Neurathen) entstehen in der Bronzezeit.

6. Jh. n. Chr.
In mehreren Schüben lassen sich slawische Siedler in der Gegend nieder. Einreihige Fischersiedlungen wie Prossen, Schandau und Wehlen entstehen.

12. Jh. n. Chr.
Bauern aus Franken, Thüringen und Flandern kommen unter der Führung von Lokatoren ins Land. Einige Waldhufendörfer tragen noch heute den Namen der Lokatoren (Cunnersdorf, Hermsdorf). Entstehung gewerblicher Niederlassungen im Schutze der Burgen.

1241
Grenzvertragsunterzeichnung zwischen König Wenzel I. von Böhmen und dem Bistum Meißen auf dem Königstein.

1443
Die 1423 zu Kurfürsten von Sachsen aufgestiegenen Markgrafen eignen sich von dem böhmischen Adelsgeschlecht der Berken von der Duba auf der rechten Elbseite das Gebiet um Hohnstein an, acht Jahre später auch das um den Wildenstein.

Etwa um 1450
Blüteperiode des Bergbaus und zweite Welle intensiver bäuerlicher Besiedlung. Pirna wird ein wichtiger Umschlagplatz für Eisen.

1459
Der Vertrag von Eger (Cheb) legt die Grenze zwischen Sachsen und Böhmen auf dem Kamm des Gebirges fest. Sie verläuft heute fast genauso.

1539
Nach dem Tode des Herzogs Georg wird im albertinischen Sachsen die Reformation durchgeführt.

Mitte des 16. Jh.
Auf den Nebenflüssen der Elbe entwickelt sich die Flößerei.

1589
Ausbau des Königsteins zur Festung.

1618–1648
Im Dreißigjährigen Krieg entgeht Pirna knapp der völligen Zerstörung. Es galt als wichtiger Zufluchtsort für aus Böhmen vertriebene Protestanten. Die Höhlen und Schluchten der Sächsischen Schweiz bieten den Bedrängten Schutz.

1694
Friedrich August I. (der Starke) wird Kurfürst und erwirbt drei Jahre später die polnische Königskrone. Die Blütezeit der Dresdner Barockbaukunst beginnt.

1747
Der Maler Bernardo Bellotto, genannt Canaletto, kommt aus Venedig nach Dresden. Er malt auch Pirna und den Königstein.

1756
Der preußische Überfall zu Beginn des Siebenjährigen Krieges stürzt Sachsen in eine Katastrophe. Die sächsische Armee muß auf der Hochebene beim Lilienstein kapitulieren.

Ende des 18. Jh.
Nach der Entdeckung von Mineral- und Heilquellen setzt der Kur- und Badebetrieb in der Region ein.

Ende des 18. Jh./Anfang 19. Jh.
Maler wie Adrian Zingg (1734–1816) und Anton Graff (1736–1813) entdecken die Sächsische Schweiz als attraktives Reiseziel. Dresden ist eine Hochburg der deutschen Romantik. Im Jahre 1798 wird die Bastei erstmalig in der Reiseliteratur erwähnt.

1813
Am 26. August erfolgte die Elbüberquerung des napoleonischen Armeekorps Vandamme unter dem Schutz der Festung Königstein.

1834
Sachsen tritt dem Zollverein bei. In den folgenden Jahren verbessern sich die Verkehrsverbindungen durch die Aufnahme der Dampfschiffahrt und den Bau einer Eisenbahnlinie durch das Elbtal. Sebnitz wird Zentrum der Kunstblumenherstellung.

1848
In den deutschen Einzelstaaten kommt es zu aufständischen Handlungen. Die Königsfamilie flieht auf die Festung Königstein. Durch das Eintreffen preußischer Truppen unterliegen die Aufständischen.

1918
Ausrufung der »sozialen Republik«, die in der Verfassung von 1920 als Freistaat Sachsen bezeichnet wird.

1921/1923
Bei der rasch voranschreitenden Geldentwertung nutzen viele Einwohner die Arbeitsmöglichkeiten in Nordböhmen, wo sie wertbeständige Kronen verdienen (die »Kronenzeit«).

1933–1934
Im ersten Konzentrationslager Deutschlands auf der Burg Hohnstein sind 5600 Menschen den Greueltaten der SA ausgeliefert.

1939
Deutsche Truppen besetzen Prag.

1939–1945
Dresdner Kunstschätze werden in Burgen und Schlösser der Sächsischen Schweiz ausgelagert.

1945
In der Nacht vom 13./14. Februar versinkt der größte Teil der Dresdner Innenstadt in Schutt und Asche. Luftangriffe zerstören auch Teile der Pirnaer Innenstadt und die Elbbrücke.

1956
Die Sächsische Schweiz wird zum Landschaftsschutzgebiet erklärt.

August 1968
Während des Einmarsches der Truppen des Warschauer Paktes fahren Panzer aus der DDR über den Marktplatz von Bad Schandau nach Prag.

Herbst 1989
Die große Ausreisewelle rollt durch Bad Schandau.

1991
Der Nationalpark Sächsische Schweiz wird ausgerufen.

1992
Die »Sächsische Weinstraße« wird aus der Taufe gehoben.

1996
Planung des Nationalparks in der Böhmischen Schweiz und Einrichtung eines grenzüberschreitenden Nationalparks.

Hier finden Sie die in diesem Band beschriebenen Orte und Ausflugsziele. Außerdem enthält das Register wichtige Stichworte, landessprachliche Bezeichnungen sowie alle Tips dieses Reiseführers. Wird ein Begriff mehrfach aufgeführt, verweist die **fett** gedruckte Zahl auf die Hauptnennung. Die **Buchstaben-Zahlen-Kombinationen** nach den Seitenangaben verweisen auf die Planquadrate der Karten.

An unsere Leserinnen und Leser:

Wir freuen uns, Ihre Meinung zu diesem Reiseführer zu erfahren. Bitte schreiben Sie uns, wenn Sie Berichtigungen und Ergänzungsvorschläge haben oder wenn Ihnen etwas besonders gut gefällt:

Gräfe und Unzer Verlag
Reiseredaktion
Stichwort: MERIAN live!
Postfach 40 07 09
Isabellastraße 32
80707 München

Alle Angaben in diesem Reiseführer sind gewissenhaft geprüft. Preise, Öffnungszeiten usw. können sich aber schnell ändern. Für eventuelle Fehler übernimmt der Verlag keine Haftung.

Lektorat: Christiane Filius-Jehne
Bildredaktion: Jan Scherping
Kartenredaktion:
Reinhard Piontkowski

Gestaltung: Ludwig Kaiser
Umschlagfoto: G. Huber/laif, Schrammsteine, Großes Schrammsteintor
Karten: Kartographie Huber
Produktion: Helmut Giersberg
Satz: A. v. Sohlern
Druck und Bindung: Appl, Wemding
ISBN 3-7742-0541-8

Fotos
G. Huber/laif 2, 27, 28, 31, 35, 37, 42, 47, 48, 54, 60, 63, 65, 79, 80, 85, 92, 97, 117
M. Peuckert 4, 56, 8, 11, 13, 16, 18, 22, 24, 25, 39, 44, 45, 49, 52, 59, 64, 67, 72, 74, 76, 83, 84, 87, 90, 94, 101, 104, 108, 109, 113, 120
G. Walter 71, 98, 99

Dieses Buch wurde auf chlorfrei gebleichtem Papier gedruckt

1. Auflage 1997